高校入試

中学3年分をたった7日で総復習 英語

\改訂版/

>>> Review in 7 Days

Gakken

JN048023

もくじ
Contents

2

「1日分」は4ページ。効率よく復習しよう!

Step-1 >>> |基本を確かめる|

分野別に, 基本事項を書き込んで確認します。入試で必ずおさえておくべき要点を厳選しているので, 効率よく学習できます。

Step-2 >>> |実力をつける|

Step-1で学習した内容について, 実戦的な問題を解いていきます。まちがえた問題は解説をよく読んで, もう一度解いてみましょう。

 入試対策に役立つ!

模擬試験

3年分の内容から出題した, 入試問題に近い形式の試験です。学習した内容が身についているか, 確かめられます。
実際に入試を受けているつもりで, 挑戦しましょう。

巻末資料

入試によく出る語形変化や基本的な単語・熟語をまとめています。
入試前に見直しましょう。

重要フレーズ 暗記ミニブック

巻頭に, 暗記ミニブックが付いています。切り取って使いましょう。重要会話表現を「一問一答式」で覚えられるので, 入試前の最終チェックにも役立ちます。

be動詞の文／
There is 〜.の文／代名詞

Step-1 >>> ｜基本を確かめる｜

→【解答】50ページ

★ に適する語を入れましょう。

1 be動詞（am, is, are）の使い分け

(1) 私は生徒です。　　　　I 　　　　 a student.
　　<small>主語はI</small>

(2) 彼は生徒です。　　　　He 　　　　 a student.
　　<small>主語が3人称単数</small>

(3) 私たちは生徒です。　　We 　　　　 students.
　　<small>主語が複数</small>

2 be動詞の過去の文

(1) 私は昨日,忙しかった。　I 　　　　 busy yesterday.

(2) 彼女は昨日,忙しかった。She 　　　　 busy yesterday.
　　<small>主語が3人称単数</small>

(3) 彼らは昨日,忙しかった。They 　　　　 busy yesterday.
　　<small>主語が複数</small>

3 be動詞の否定文

(1) 彼は教師ではありません。　He is 　　　　 a teacher.

(2) 今朝，彼らは教室にいませんでした。

　　They 　　　　 in the classroom this morning.
　　<small>過去の短縮形を入れる</small>

4 be動詞の疑問文

(1) あなたは忙しいですか。　　　　　　 you busy?
　　　　　　　　　　<small>be動詞で文を始める</small>

(2) 彼は昨日，忙しかったですか。

　　— はい，忙しかったです。

　　　　　　 he busy yesterday?

　　— Yes, he 　　　　.

---

be動詞の文

He is a student.
（彼は生徒です。）

be動詞の使い分け

主語	現在形	過去形
I	am	was
3人称単数*	is	was
youと複数	are	were

*3人称単数とは，he, she, Emily, this bag などの単数の人や物のこと。

主語とbe動詞の短縮形

I am 　→ I'm
You are → You're

be動詞の否定文

（彼は生徒ではありません。）

be動詞の疑問文

Is he a student?

（彼は生徒ですか。）

〈be動詞+not〉の短縮形

is not 　→ isn't
are not 　→ aren't
was not 　→ wasn't
were not → weren't

*am notに短縮形はない。

5 There is 〜. の文

(1) 机の上に本が1冊あります。

There _____ a book on the desk.

(2) 昨日，机の上に本が2冊ありました。

There _____ two books on the desk yesterday.
  two booksが主語で，過去の文

6 There is 〜. の否定文・疑問文

(1) 壁には写真が1枚もありません。

There _____ any pictures on the wall.
  短縮形   any picturesは複数形

(2) 壁にたくさんの写真がありますか。

_____ there a lot of pictures on the wall?
  be動詞で始める

7 代名詞

(1) 彼女は私の妹です。

_____ is my sister.

(2) あれは彼女のかばんです。

That's _____ bag.

(3) 由紀は彼をよく知っています。

Yuki knows _____ well.

(4) あなたは彼の名前を知っていますか。

Do you know _____ name?

(5) これらはあなたの本ですか。

— はい。それらは私のものです。

Are these _____ books?

— Yes. They're _____.

There is[are] 〜. の文

There is a pen on the desk.
（机の上にペンがあります。）
There is[are] 〜. で，「〜
がある」という意味を表す。
過去の文は，is[are]を過去
形のwas[were]にする。

There is[are] 〜. の
否定文・疑問文

〈否定文〉

There is not a pen on the desk.

〈疑問文〉

Is there a pen on the desk?

人称代名詞の変化

	〜は	〜の	〜を
私	I	my	me
あなた	you	your	you
彼	he	his	him
彼女	she	her	her
それ	it	its	it
私たち	we	our	us
あなたたち	you	your	you
彼ら	they	their	them

「〜のもの」の形

私のもの	→ mine
あなたのもの	→ yours
彼のもの	→ his
彼女のもの	→ hers
私たちのもの	→ ours
あなたたちのもの	→ yours
彼らのもの	→ theirs

Step-2 >>> |実力をつける|

⇒【目標時間】**30分** ／【解答】**50ページ**   点

1 日本文に合うように, _____ に適する語を( )内から選んで入れなさい。 （2点×7）

(1) 私たちは兄弟です。

We _____ brothers. (am / is / are)

(2) 私の姉は高校生です。

My sister _____ a high school student. (is / was / are)

(3) この本はおもしろかったです。

This book _____ interesting. (is / was / were)

(4) アンと私は仲のいい友達です。

Ann and I _____ good friends. (am / is / are)

(5) 私の両親は昨日, 東京にいました。

My parents _____ in Tokyo yesterday. (are / was / were)

(6) 箱の中にボールがあります。

There _____ a ball in the box. (is / was / are)

(7) 壁に絵が1枚ありました。

There _____ a picture on the wall. (are / was / were)

2 次の英文の_____に, ( )内の語を適する形にして入れなさい。 （3点×5）

(1) 私を手伝ってください。

Please help _____. (I)

(2) この自転車はあなたのものですか。— はい, それは私のものです。

Is this bike _____?

— Yes, it's _____. (you, I)

(3) これは彼の家です。

This is _____ house. (he)

(4) 私たちは彼らと話しました。

We talked with _____. (they)

(5) このボールは彼らのものです。

This ball is _____. (they)

3 日本文に合うように，_____に適する語を入れなさい。 （5点×5）

(1) 私は高校生ではありません。

I'm _____ a high school student.

(2) 私の兄は今，家にいません。

My brother _____ at home now.

(3) あなたのお兄さんは，家にいますか。 — はい，います。

_____ your brother at home? — Yes, he _____.

(4) あなたたちは昨日，図書館にいましたか。 — いいえ，いませんでした。

_____ you in the library yesterday? — No, we _____.

(5) その部屋に生徒たちは1人もいません。

_____ are _____ any students in the room.

4 次の英文を（　）内の指示にしたがって書きかえなさい。 （6点×3）

(1) Her mother is a teacher. （否定文に）

_____

(2) Chris was busy last week. （疑問文に）

_____

(3) There is a bus stop near here. （疑問文に）

_____

5 次の日本文を英語にしなさい。 （7点×4）

(1) 彼は背が高いです。　　　　　　　　　　　　　　　　　　背が高い：tall

_____

(2) 私は昨日，忙しかったです。　　　　　　　　　　　　　　忙しい：busy

_____

(3) 彼女は私たちの先生です。　　　　　　　　　　　　　　　先生：teacher

_____

(4) 彼らはあなたたちに親切でしたか。　　　　　　　　　　　親切な：kind

_____

2日目 一般動詞の文（現在・過去・未来）／命令文

Step-1 >>> | 基本を確かめる |

→【解答】51ページ

★ ___ に適する語を入れましょう。

1 一般動詞の現在の文

(1) 私はテニスをします。　　　I ___ tennis.

(2) 彼女はテニスをします。　　She ___ tennis.
　　　主語がShe

2 一般動詞の過去の文

(1) 私はテニスをしました。　　I ___ tennis.

(2) 彼女はテニスをしました。　She ___ tennis.
　　　主語が3人称単数でも形は同じ

3 一般動詞の否定文

(1) 私はテニスをしません。　　I ___ play tennis.

(2) 彼はテニスをしません。

　　He ___ play tennis.
　　　3人称単数・現在の文

(3) 彼はテニスをしませんでした。

　　He ___ play tennis.
　　　主語に関係なく，過去の短縮形を入れる

4 一般動詞の疑問文

(1) あなたはテニスをしますか。

　　___ you play tennis?

(2) 彼はテニスをしますか。　　___ he play tennis?
　　　主語がhe

(3) 彼らは昨日，テニスをしましたか。

　　— はい，しました。

　　___ they play tennis yesterday?

　　— Yes, they ___ .

一般動詞の文

I watch TV.

（私はテレビを見ます。）

一般動詞の現在形・過去形

主語	現在形	過去形
I,you,複数	play	played
3人称単数	plays	

過去形のつくり方

ふつう
play → played
そのほか
live → lived
study → studied
stop → stopped
不規則変化
make → made

▶p.41〜43参照

一般動詞の否定文

I don't watch TV.

（私はテレビを見ません。）

・主語が3人称単数なら

He doesn't **watch** TV.
　　　↑ 動詞は原形

・過去なら

He didn't **watch** TV.
　　　↑ 動詞は原形

一般動詞の疑問文

Do you watch TV?

（あなたはテレビを見ますか。）

・主語が3人称単数なら

Does he **watch** TV?
　　　↑ 動詞は原形

・過去なら

Did he **watch** TV?
　　　↑ 動詞は原形

5 一般動詞の未来の文

(1) 私は明日，テニスをするつもりです。

I'm _____ to play tennis tomorrow.

(2) 彼女は明日，テニスをするつもりです。

She's going to _____ tennis tomorrow.
_{動詞は原形}

(3) 彼女はこのプレゼントが気に入るでしょう。

She _____ like this present.
「〜でしょう」はwill

6 be going to 〜 の否定文・疑問文

(1) 私は明日，テニスをするつもりはありません。

I'm _____ going to play tennis tomorrow.
be動詞のあとにnot

(2) 彼は明日，テニスをするつもりですか。

_____ he going to play tennis tomorrow?
be動詞で始める

7 命令文

(1) 手を洗いなさい。

_____ your hands.

(2) この川で泳いではいけません。

_____ swim in this river.

(3) 気をつけてください。

Please _____ careful.

(4) ここでは英語を話しましょう。

_____ speak English here.

---

be going to 〜の文

（私はテレビを見るつもりです。）

**be going to 〜の
否定文・疑問文**

〈否定文〉

He's not going to watch TV.

〈疑問文〉

Is he going to watch TV?

「〜でしょう」の文

He will come soon.

（彼はもうすぐ来るでしょう。）

He won't come today.

（今日，彼は来ないでしょう。）

won'tはwill notの
短縮形。

命令文

Run.

（走りなさい。）

Don't run.

（走ってはいけません。）

【Be 〜. の命令文】

Be quiet.

（静かにしなさい。）

【〜しましょう】

Let's run.

（走りましょう。）

Step-2 >>> ｜実力をつける｜

→ 【目標時間】30分 ／ 【解答】51ページ　　　　　点

1 日本文に合うように，＿＿＿＿に適する語を（　）内から選んで入れなさい。 （2点×7）

(1) 私はねこが好きです。　I ＿＿＿＿＿＿＿ cats. （ like / likes / liked ）

(2) 彼女はよく母親を手伝います。

She often ＿＿＿＿＿＿＿ her mother. （ help / helps / helped ）

(3) 私たちは昨日，彼女を訪ねました。

We ＿＿＿＿＿＿＿ her yesterday. （ visit / visits / visited ）

(4) サラは 2 日前に私の家に来ました。

Sarah ＿＿＿＿＿＿＿ to my house two days ago. （ come / comes / came ）

(5) 私は明日，野球をするつもりです。

I'm ＿＿＿＿＿＿＿ to play baseball tomorrow. （ go / going / went ）

(6) マイクは今夜，夕食を料理するつもりです。

Mike ＿＿＿＿＿＿＿ going to cook dinner tonight. （ is / was / will ）

(7) 彼はもうすぐここに来るでしょう。

He ＿＿＿＿＿＿＿ come here soon. （ is / will / going ）

2 日本文に合うように，＿＿＿＿に適する語を入れなさい。 （3点×7）

(1) 私はその少年を知りません。　I ＿＿＿＿＿＿＿ know the boy.

(2) トムには兄弟がいません。　Tom ＿＿＿＿＿＿＿ have any brothers.

(3) 彼はその歌を知りませんでした。　He ＿＿＿＿＿＿＿ know the song.

(4) あなたはふだんは歩いて学校に行きますか。 — はい，歩いて行きます。

＿＿＿＿＿＿＿ you usually walk to school? — Yes, I ＿＿＿＿＿＿＿.

(5) 彼女はよく図書館に行きますか。 — いいえ，行きません。

＿＿＿＿＿＿＿ she often go to the library? — No, she ＿＿＿＿＿＿＿.

(6) 私は泳ぐつもりはありません。

I'm ＿＿＿＿＿＿＿ to swim.

(7) あなたはいつ私たちを訪ねてくるつもりですか。

When ＿＿＿＿＿＿＿ you ＿＿＿＿＿＿＿ to visit us?

3 次の英文を（　　）内の指示にしたがって書きかえなさい。　(5点×5)

(1) I study English.　（主語を My father にかえて）

_____

(2) He uses the computer.　（文末に last night を加えて）

_____

(3) She saw the movie last week.　（否定文に）

_____

(4) They get up at six.　（be going to を使って未来の文に）

_____

(5) Play baseball here.　（「〜しましょう」という文に）

_____

4 日本文に合うように，次の語を並べかえなさい。ただし，文の最初の文字も小文字で示してあります。　(4点×4)

(1) 彼女は朝食を食べません。　(doesn't / breakfast / she / eat).

_____

(2) あなたは先週，奈良へ行きましたか。　(Nara / you / did / to / go) last week?

_____ last week?

(3) その箱を開けてはいけません。　(don't / the / open / box).

_____

(4) あなたはどこに滞在するつもりですか。　Where (going / stay / are / to / you)?

Where _____ ?

5 次の日本文を英語にしなさい。　(6点×4)

(1) 彼女は妹が 1 人います。

_____

(2) あなたは昨日，自分の部屋をそうじしましたか。　　そうじする：clean

_____

(3) 自分の宿題をしなさい。　　する：do　宿題：homework

_____

(4) あなたはこの前の日曜日，何をしましたか。

_____

助動詞／いろいろな動詞

Step-1 >>> |基本を確かめる|

→【解答】52ページ

★ 　　　に適する語を入れましょう。

① 助動詞の文

(1) 私は速く走れます。　I 　　　 run fast.
　　　　　　　　　　　　　　助動詞のあとの動詞はいつも原形
(2) 私はこれを買います。　I 　　　 take this one.
　　　　　　　　　　その場で決めた意思を表す
(3) あなたは家に帰ってもよろしい。You 　　　 go home.

(4) あなたは毎日勉強しなければなりません。

　　　You 　　　 study every day.

(5) バスに乗ったほうがいいです。

　　　You 　　　 take the bus.

② 助動詞の否定文・疑問文

(1) 私は速く走れません。　I 　　　 run fast.

(2) あなたは速く走れますか。― はい，走れます。

　　　　　　　　　　you run fast? ― Yes, I 　　　.

(3) 私は遅刻しません。　I 　　　 be late.
　　　　　　　　　「〜しない」という意思を表す
(4) ここで泳いではいけません。

　　　You 　　　 swim here.
　　　「〜してはいけない」という禁止を表す

③ have to 〜とdon't have to 〜 の文

(1) 私はもう帰らなければなりません。

　　　I have 　　　 go home now.

(2) 彼女は宿題をしなければなりません。

　　　She 　　　 to do her homework.
　　　主語が3人称単数
(3) あなたはそこへ行く必要はありません。

　　　You 　　　 have to go there.

●いろいろな助動詞

can	〜できる
will	〜する，〜だろう
may	〜してもよい
must	〜しなければならない
should	〜したほうがいい

●助動詞の文

He can swim.
（彼は泳げます。）

●助動詞の否定文

He can not swim.
（彼は泳げません。）

●助動詞の疑問文

Can he swim?
（彼は泳げますか。）

●have to 〜の文

I have to go there.
（私はそこに行かなければなりません。）

⚠ ミス注意

He has to go there.
主語が3人称単数のときは，
has to 〜となる。

④ Can I ～? の文

(1) 窓を開けていいですか。— いいですよ。

       I open the window? — Sure.

(2) ここで写真を撮ってもいいですか。

   — いいですよ。どうぞ。

       I take a picture here?

   — Sure. Go ahead.

⑤ Can[Could] you ～? の文

(1) 手伝ってくれますか。— はい，もちろん。

       you help me? — Yes, of course.

(2) 駅へ行く道を教えてもらえますか。

       you tell me the way to the station?

⑥ いろいろな動詞（look, give, call）

(1) 彼女は疲れているように見えます。

   She   tired.
       3単現にする

(2) 彼女は歌手になりました。

   She   a singer.

(3) 父は私に新しい自転車をくれました。

   My father   <u>me</u> <u>a new bike</u>.
             「私に」 「新しい自転車を」

(4) 私は彼女にEメールを送ります。

   I'll   <u>an e-mail</u>.
       「彼女に」 「Eメールを」

(5) 私をケンと呼んでください。

   Please   me Ken.

(6) その知らせが私たちを幸せにしました。

   The news   happy.

(7) 彼は父親が夕食をつくるのを手伝いました。

   He   his father   dinner.

● **Can I ～? の文**
Can I ～? で「～してもいいですか」という意味で，許可を求める言い方になる。

● **Can you ～? の文**
Can you ～? で「～してくれますか」という意味で，頼みごとをする言い方になる。

▶▶**くわしく**
Can I ～? や Can you ～? には，Sure. / Yes, of course. （はい，もちろん。）などと応じる。断るときは，I'm sorry, I can't. （ごめんなさい，できません。）などと言う。

● **「～に見える」などの文**
・He looks happy.
　（彼はうれしそうに見えます。）

look	～に見える
become	～になる
get	～になる

● **〈動詞＋人＋物〉**
She gave <u>me</u> a book.
（彼女は私に本をくれました。）

give	（人）に（物）を与える
tell	（人）に（物）を言う
show	（人）に（物）を見せる
send	（人）に（物）を送る

● **「AをBにする」などの文**
I call <u>him</u> Jim.
（私は彼をジムと呼びます。）
He made <u>me</u> angry.
（彼は私を怒らせました。）
I'll help <u>him</u> wash
the dishes.   動詞の原形
（私は彼が皿を洗うのを手伝います。）

Ⅰ 日本文に合うように，＿＿＿＿に適する語を（　）内から選んで入れなさい。 （2点×7）

(1) 私の姉はコンピューターが使えます。

My sister ＿＿＿＿＿＿＿＿ use a computer. （ can / will / may ）

(2) あなたは医者にみてもらうべきです。

You ＿＿＿＿＿＿＿＿ see a doctor. （ may / should / could ）

(3) 彼は明日，学校に来る必要はありません。

He ＿＿＿＿＿＿＿＿ have to come to school tomorrow.

（ don't / mustn't / doesn't ）

(4) この箱を運んでくれますか。

＿＿＿＿＿＿＿＿ you carry this box? （ Are / Can / May ）

(5) 図書館への道を教えていただけますか。

＿＿＿＿＿＿＿＿ you tell me the way to the library?

（ Should / Must / Could ）

(6) 彼女はうれしそうに見えます。

She ＿＿＿＿＿＿＿＿ happy. （ looks / sees / watches ）

(7) 彼はマリアに本を送りました。

He ＿＿＿＿＿＿＿＿ Maria a book. （ bought / got / sent ）

2 日本文に合うように，＿＿＿＿に適する語を入れなさい。 （4点×5）

(1) 彼女は今，宿題をしなければなりません。

She ＿＿＿＿＿＿＿＿ to do her homework now.

(2) このケーキを食べてもいいですか。

＿＿＿＿＿＿＿＿ I eat this cake?

(3) あなたのお兄さんは教師になりましたか。

Did your brother ＿＿＿＿＿＿＿＿ a teacher?

(4) 私たちはその犬をラッキー(Lucky)と呼んでいます。

We ＿＿＿＿＿＿＿＿ the dog Lucky.

(5) 彼は来るでしょうか。―― いいえ，来ないでしょう。

＿＿＿＿＿＿＿＿ he come? ―― No, he ＿＿＿＿＿＿＿＿ .

3 日本文に合うように，次の語句を並べかえなさい。ただし，文の最初の文字も小文字で示してあります。   (5点×6)

(1) ケイトは漢字が書けますか。 (*kanji* / Kate / can / write)?

_____

(2) 私は来週15歳になります。 (fifteen / I'll / next / be) week.

_____ week.

(3) そのドアを開けてはいけません。 (mustn't / you / the / open / door).

_____

(4) あなたは明日，早く起きなくてもよいです。
You (early / have / up / don't / to / get) tomorrow.
You _____ tomorrow.

(5) この映画は私を悲しくさせました。 (this / me / made / movie / sad).

_____

(6) その写真を見せてくれますか。 (the picture / you / show / can / me)?

_____

4 次の日本文を英語にしなさい。   (6点×6)

(1) 彼は速く泳げます。

_____

(2) あなたの辞書を使ってもいいですか。   辞書：dictionary

_____

(3) あなたはここでは英語を話さなければなりません。

_____

(4) 私が部屋をそうじするのを手伝ってくれますか。   私が〜するのを手伝う：help me＋動詞の原形

_____

(5) そのニュースが私を幸せにしました。   ニュース：news

_____

(6) 私は彼女に花をあげました。   花：some flowers

_____

4日目 進行形／受け身／現在完了形

Step-1 >>> |基本を確かめる|

→【解答】53ページ

★ に適する語を入れましょう。

1) 進行形の文

(1) 私はテニスをします。　　I 　　　　tennis.
　　　　　　　　　　　　現在の習慣を表す

(2) 私はテニスをしています。　I'm 　　　　tennis.
　　　　　　　　　　　　現在進行中の動作を表す

(3) 私は昨日の午後，テニスをしていました。

　　I 　　　　　　　　tennis yesterday afternoon.
　　　過去に進行中だった動作を表す

2) 進行形の否定文・疑問文

(1) 彼は歌を歌っていません。

　　He's 　　　　singing a song.

(2) 彼は歌を歌っていませんでした。

　　He 　　　　　　　　a song.
　　　過去進行形の否定文

(3) 彼は歌を歌っていますか。

　　　　　　he singing a song?
　　現在進行形の疑問文

3) 受け身の文

(1) この部屋は毎日そうじされます。

　　This room 　　　　　　　　every day.
　　　　　　現在の受け身の文

(2) この部屋は昨日，そうじされました。

　　This room 　　　　　　　　yesterday.
　　　　　　過去の受け身の文

(3) この部屋は昨日，彼によってそうじされました。

　　This room was cleaned 　　　　　　yesterday.
　　　　　　「〜によって」はby 〜

●進行形の文
①現在進行形
I'm studying English.
(私は英語を勉強しています。)
②過去進行形
I was studying English.
(私は英語を勉強していました。)

●ingのつけ方

ふつう
play　→ playing
そのほか
make → making
swim → swimming

▶p.40参照

●進行形の否定文・疑問文
〈否定文〉
He is not running.
〈疑問文〉
Is he running?

●受け身の文の形と意味
①現在の受け身
English is used here.
(ここでは英語が使われています。)
②過去の受け身
This was written then.
(これはそのとき書かれました。)

●主な不規則動詞の過去分詞
build(建てる) ― built
write(書く) ― written
speak(話す) ― spoken
take(取る) ― taken
know(知っている) ― known

▶p.42〜43参照

4) 受け身の否定文・疑問文

(1) あなたはパーティーに招待されていません。

You're _____ invited to the party.

(2) あなたはパーティーに招待されていますか。

_____ you invited to the party?

(3) あなたはいつパーティーに招待されましたか。

When _____ you invited to the party?

5) 現在完了形の文

(1) 私はここに10年間住んでいます。

I _____ here for ten years.
　　　　　　　　　　　　　「10年間」

(2) 私は今朝からずっとテニスをしています。

I've _____ tennis since this morning.
　　　現在完了進行形の文にする　　　　　「〜以来」

(3) 彼女は以前, その映画を見たことがあります。

She _____ the movie before.
　　　　　　　　　　　　　「以前」

(4) 私たちはすでに昼食を食べてしまっています。

We _____ already _____ lunch.
　　　「すでに」

6) 現在完了形の否定文・疑問文

(1) 私は先週から彼女に会っていません。

I _____ her since last week.
　　have notの短縮形　　　「先週から」

(2) 彼はその本を読んだことが1度もありません。

He has _____ the book.
　　　　「1度もない」と強調するときはneverを使う

(3) あなたはもう宿題をしましたか。

_____ you _____ your homework yet?
　　　　　　　　　　　　　「もう」

● 受け身の否定文・疑問文
〈否定文〉
English is not used here.
〈疑問文〉
Is English used here?

● 現在完了形と現在完了進行形
　の形と意味
〈have [has] + 過去分詞〉の
形は下のような意味を表す。
① 「ずっと〜している」
I've been busy all day.
(私は1日中ずっと忙しいです。)
I've been studying English
for two hours.
(私は2時間ずっと英語を勉強しています。)
② 「〜したことがある」
I've seen her before.
(私は以前, 彼女を見たことがあります。)
③ 「〜したところだ」
I've just had lunch.
(私はちょうど昼食を食べたところです。)

● 現在完了形の否定文・疑問文
〈否定文〉
He has not been to Nara
before.
〈疑問文〉
Has he been to Nara before?

have been
to 〜 で「〜
へ行ったことが
ある」という意
味になるよ。

● 主な不規則動詞の過去分詞

have(持っている) ― had
do(する) 　　　 ― done
see(見る) 　　　 ― seen
hear(聞く) 　　 ― heard
eat(食べる) 　　 ― eaten
read(読む) 　　 ― read

▶p.42〜43参照

17

Step-2 >>> |実力をつける|

→【目標時間】30分／【解答】53ページ　　　　点

1 （　　）に日本語を入れて，英文の日本語訳を完成しなさい。　　（4点×5）

(1) This cake was made by my sister yesterday.

このケーキは昨日，私の姉（　　　　　　　　　　　　　　　　　　　　　）。

(2) My sister was making this cake at that time.

私の姉はその時，このケーキ（　　　　　　　　　　　　　　　　　　　）。

(3) We have visited Kyoto many times.

私たちは京都（　　　　　　　　　　　　　　　　　　　　　　　　　　）。

(4) They have been singing for three hours.

彼らは（　　　　　　　　　　　　　　　　　　　　　　　　　　　　　）。

(5) She has just read the book.

彼女はその本（　　　　　　　　　　　　　　　　　　　　　　　　　　）。

2 日本文に合うように，＿＿＿＿にwriteを適する形にかえて入れなさい。　　（2点×4）

(1) 私は手紙を書いています。　I'm ＿＿＿＿＿＿＿＿ a letter.

(2) この手紙はトムによって書かれました。　This letter was ＿＿＿＿＿＿＿＿ by Tom.

(3) 私はまだリサに手紙を書いていません。

I haven't ＿＿＿＿＿＿＿＿ a letter to Lisa yet.

(4) あなたはリサに手紙を書いたことがありますか。

Have you ever ＿＿＿＿＿＿＿＿ a letter to Lisa?

3 日本文に合うように，＿＿＿＿に適する語を入れなさい。　　（3点×4）

(1) 私は子どものときから教師になりたいと思っています。

I've ＿＿＿＿＿＿＿＿ to be a teacher ＿＿＿＿＿＿＿＿ I was a child.

(2) 彼女は公園を走っています。　She's ＿＿＿＿＿＿＿＿ in the park.

(3) この写真はどこで撮られたのですか。

Where ＿＿＿＿＿＿＿＿ this picture ＿＿＿＿＿＿＿＿?

(4) あなたは何回，京都を訪れたことがありますか。

How many times ＿＿＿＿＿＿＿＿ you ＿＿＿＿＿＿＿＿ Kyoto?

4 次の英文を（　　）内の指示にしたがって書きかえなさい。 (4点×4)

(1) He stood by the window. （過去進行形の文に）

_____

(2) The students call him Joe. （Heを主語にして受け身の文に）

_____

(3) She is busy. （「昨日から」を加えて現在完了形の文に）

_____

(4) They have lunch. （「すでに」を加えて現在完了形の文に）

_____

5 日本文に合うように，次の語を並べかえなさい。ただし，文の最初の文字も小文字で示してあります。 (4点×4)

(1) 彼女はまだここに着いていません。　She (hasn't / here / yet / arrived).
She _____ .

(2) あなたは今までに奈良へ行ったことがありますか。
(ever / you / been / to / have) Nara?

_____ Nara?

(3) 彼はここに来てどれくらいになりますか。
(he / long / been / how / has) here?

_____ here?

(4) この寺はいつ建てられましたか。　When (temple / was / built / this)?
When _____ ?

6 次の日本文を英語にしなさい。 (7点×4)

(1) 彼女は英語を勉強しているところです。

_____

(2) この歌はたくさんの人たちに愛されるでしょう。　　　この歌：this song

_____

(3) 私はまだ宿題を終わらせていません。　　　宿題：homework

_____

(4) 私は10年間この町に住んでいます。　　　この町：this town

_____

Step-1 >>> | 基本を確かめる | → 【解答】54ページ

★　　　に適する語を入れましょう。

1) 比較級の文

(1) 私は亜紀より背が高いです。

I'm ＿＿＿ than Aki.

(2) 私は亜紀より速く走れます。

I can run ＿＿＿ than Aki.

(3) 私は亜紀より注意深いです。

I'm ＿＿＿ careful ＿＿＿ Aki.
「～よりも」

(4) 私は亜紀よりじょうずに歌えます。

I can sing ＿＿＿ than Aki.
wellの比較級

2) 最上級の文

(1) 健は3人の中でいちばん背が高いです。

Ken is the ＿＿＿ of the three.
「3人の中で」

(2) 健はクラスの中でいちばん速く走ります。

Ken runs the ＿＿＿ in the class.
inのあとには「場所」や「範囲」を表す語がくる

(3) 健はクラスでいちばん人気があります。

Ken is the ＿＿＿ popular in the class.

3) 疑問詞で始まる比較の文

(1) 亜紀と健では，どちらのほうが背が高いですか。

Who is ＿＿＿, Aki ＿＿＿ Ken?
「AかBか」はA or B

(2) あなたはすべての中で何の教科がいちばん好きですか。

What subject do you like the ＿＿＿ of all?

● 比較級・最上級の文

（私はネコより背が高い。）

（私はいちばん背が高い。）

● 比較級・最上級のつくり方

ふつう
old → older, oldest
そのほか
large → larger, largest easy → easier, easiest big → bigger, biggest
つづりの長い語
famous → more famous, 　　　　　most famous
不規則変化
good well → better, best
many much → more, most

● 「BよりAが好きだ」

I like cats better than dogs.
（私は犬よりねこが好きです。）

● 「Aがいちばん好きだ」

I like bears the best.
（私はくまがいちばん好きです。）

ねこ派だけど，いちばん好きなのはくま。

4) as ～ as … の文

(1) 健は父親と同じくらいの背の高さです。

Ken is as ＿＿＿＿＿ as his father.
　　　　　　変化しない形（原級）が入る

(2) 武史は父親ほど背が高くありません。

Takeshi is ＿＿＿ as ＿＿＿＿ as his father.

5) 接続詞／仮定法

(1) 雨が降っていましたが，私は外出しました。

It was raining, ＿＿＿ I went out.
　　　　　　　　「しかし」

(2) 私が外に出たとき，雨が降っていました。

It was raining ＿＿＿ I went out.
　　　　　　　　　「～するとき」

(3) もし明日雨なら，私は外出しません。

＿＿＿ it is rainy tomorrow, I won't go out.
　　　if ～, when ～の中では，未来のことも現在形で表す

(4) （雨が降っている中）もし今雨でなかったら，私は外出す

るのになあ。

If it ＿＿＿ not rainy now, I ＿＿＿ go out.

6) 間接疑問文

(1) 私はこれが何なのか知っています。

I know what ＿＿＿＿＿.
　　　　　　　「主語＋動詞」の語順

(2) あなたは彼がだれか知っていますか。

Do you know who ＿＿＿＿＿＿＿？

(3) 私は彼女がどこに住んでいるか知りません。

I don't know where ＿＿＿＿＿.

● as ～ as …の文

My bike is as old as yours.
（私の自転車はあなたのと同じ
くらい古いです。）
as ～ as …は「…と同じくら
い～」という意味を表す。

Japan is not as large as
Brazil.
（日本はブラジルほど大きくは
ない。）
否定文の not as ～ as …は
「…ほど～でない」という意味
を表す。

● 接続詞

and　　　～と…，～そして…
but　　　～しかし…
when　　～するとき
if　　　　もし～ならば
because　なぜなら～だから

● 仮定法

現在の事実に反することを仮定
するときは，過去形の動詞・助
動詞を使って仮定法の文にする。
If I were you, I would go out.
（もし私があなただったら，外
出するのになあ。）

● 間接疑問文

疑問詞のある疑問文が文の中
に組み込まれると，疑問詞の
あとが〈主語＋動詞〉の語順
になる。
　　　What is this?

I know what this is.
　　　　　　主語＋動詞
（私はこれが何か知っています。）
I know where he lives.
　　　　　　　主語＋動詞
（私は彼がどこに住んでいるか
知っています。）

1 日本文に合うように，＿＿＿＿に適する語を（　）内から選んで入れなさい。　（2点×4）

(1) この自転車は私のより新しいです。

This bike is ＿＿＿＿＿＿＿ than mine. （ new / newer / newest ）

(2) 母が家族の中でいちばん忙しいです。

My mother is the ＿＿＿＿＿＿＿ in my family. （ busy / busier / busiest ）

(3) 彼が 4 人の中でいちばんじょうずな選手です。

He's the ＿＿＿＿＿＿＿ player of the four. （ good / better / best ）

(4) この本はあの本よりおもしろいです。

This book is ＿＿＿＿＿＿＿ interesting than that one.

（ much / more / most ）

2 日本文に合うように，＿＿＿＿に適する語を入れなさい。　（4点×7）

(1) 彼は私の父と同じ年齢です。

He's ＿＿＿＿＿＿＿ ＿＿＿＿＿＿＿ as my father.

(2) 彼女が私たち全員の中でいちばん若いです。

She's the ＿＿＿＿＿＿＿ us all.

(3) 利根川と信濃川では，どちらのほうがより長いですか。

Which is ＿＿＿＿＿＿＿, the Tone River ＿＿＿＿＿＿＿ the Shinano River?

(4) あなたのクラスでは，いちばん人気のあるスポーツは何ですか。

What is the ＿＿＿＿＿＿＿ sport in your class?

(5) 彼女がどこの出身かをあなたは知っていますか。

Do you know where ＿＿＿＿＿＿＿ ＿＿＿＿＿＿＿ from?

(6) 彼女はなぜ家にいたのですか。── かぜをひいていたからです。

＿＿＿＿＿＿＿ did she stay home? ── ＿＿＿＿＿＿＿ she had a cold.

(7) もしこの土曜日が雨なら，私はテニスをしません。

＿＿＿＿＿＿＿ it ＿＿＿＿＿＿＿ rainy this Saturday, I won't play tennis.

3 次の英文を( )内の指示にしたがって書きかえなさい。　　　　　（5点×4）

(1) I can swim fast. （「健(Ken)よりも」を加えて比較級の文に）

_____

(2) Mt. Fuji is a high mountain. （「日本で」を加えて最上級の文に）

_____

(3) This question is difficult. （「すべての中で」を加えて最上級の文に）

_____

(4) What does she want? （文の最初にI don't knowをつけて）

_____

4 日本文に合うように，次の語を並べかえなさい。　　　　　（5点×4）

(1) 私は夏より冬のほうが好きです。　I like (summer / winter / than / better).
I like _____ .

(2) この本はあの本ほど役に立ちません。
This book isn't (as / that / useful / one / as).
This book isn't _____ .

(3) 彼がいつ日本に来たか私に教えてください。
Please tell me (he / Japan / when / came / to).
Please tell me _____ .

(4) 駅に着いたら電話します。　(when / call / I'll / you) I get to the station.
_____ I get to the station.

5 次の日本文を英語にしなさい。　　　　　（6点×4）

(1) 彼はマイク(Mike)より背が高いです。　　　　　　背が高い：tall

_____

(2) コーヒーと紅茶では，どちらのほうが好きですか。　　コーヒー：coffee　紅茶：tea

_____

(3) あの少年がだれか私は知りません。　　　　　　少年：boy

_____

(4) もし私があなたなら，彼女を手伝うのになあ。

_____

6日目 不定詞／動名詞

Step-1 >>> |基本を確かめる|

→ 【解答】55ページ

★ 下線の日本語に合わせて，＿＿＿＿に適する語を入れましょう。

1) 不定詞の3用法

(1) 彼は彼女に会うためにここに来ました。

He came here ＿＿＿＿ ＿＿＿＿ her.

(2) 私はあなたに会えてうれしいです。

I'm glad ＿＿＿＿ ＿＿＿＿ you.

(3) 私は何か飲むものがほしいです。

I want something ＿＿＿＿ ＿＿＿＿.

(4) 彼らはテニスをするのが好きです。

They like ＿＿＿＿ ＿＿＿＿ tennis.

★ ＿＿＿＿に適する語を入れましょう。

2) 動名詞

(1) 私は彼らと走ることを楽しみました。

I ＿＿＿＿＿＿＿＿＿＿ with them.
　過去形

(2) 彼は走ることが好きです。

He ＿＿＿＿＿＿＿＿＿＿.
　主語が3人称単数

(3) 彼女は走るのをやめました。

She ＿＿＿＿＿＿＿＿＿＿.
　過去形

(4) 私は走るのが得意です。

I'm good ＿＿＿＿＿＿＿＿＿＿.
　be good at ～で「～が得意だ」

● **不定詞の3用法**

〈to+動詞の原形〉のセットを不定詞と言う。不定詞には下のような用法がある。

① 「～するために」「～して」

I came here to read books.
（私は本を読むためにここに来ました。）

I am happy to see you.
（私はあなたに会えてうれしいです。）

② 「～する（ための）」

I don't have time to read books.
（私は本を読む時間がありません。）

③ 「～すること」

I like to read books.
（私は本を読むことが好きです。）

【よく使う〈動詞+to ～〉】

want to ～　　　～したい
like to ～　　～するのが好きだ
try to ～　　～しようとする
begin[start] to ～
　　　　　　　　～し始める

● **動名詞の文**

I like reading books.
（私は本を読むことが好きです。）
動詞のing形でも「～すること」を表すことができる。

● 〈動詞+～ing〉

enjoy ～ing
　　　　～することを楽しむ
finish ～ing　～し終える
stop ～ing
　　　　～するのをやめる

3 how to ～などの文

(1) 私は料理のしかたがわかりません。

I don't know 　　　　　　　　 cook.
　　　　「料理のしかた」＝「どのように料理すればよいか」

(2) どこへ行けばいいか私に教えてください。

Please tell me 　　　　　　　　 go.
　　　　「どこへ行けばいいか」

4 「(人)に～するように言う」などの文

(1) 私は彼に手伝うように言いました。

I 　　　 him 　　　 help me.
　　過去形

(2) 私は彼に手伝うように頼むつもりです。

I'll 　　　　　　　　　　　 help me.

(3) あなたは私に手伝ってもらいたいですか。

Do you 　　　 me 　　　 help you?

5 「～することは…だ」の文

(1) 早起きすることはよいことです。

　　　　 good 　　　 get up early.

(2) 早起きすることはあなたにとってよいことです。

It's good 　　　　　　　 to get up early.

6 「～するには…すぎる」の文

(1) 泳ぐには寒すぎます。

It's too cold 　　　　　　　.

(2) この紅茶は熱すぎて飲めません。

This tea is 　　　 hot 　　　 drink.

---

how to ～などの文
Do you know how to get there?
（そこへの行き方を知っていますか。）

【よく使う〈疑問詞+to ～〉】

how to ～　　　 ～のしかた
what to ～
　　　 何を～すればいいか
where to ～
　　　 どこへ～すればいいか

「(人)に～するように言う」など
He told me to study.
（彼は私に勉強するように言いました。）

【よく使う〈動詞+人+to ～〉】

tell him to ～
　　　 彼に～するように言う
ask him to ～
　　　 彼に～するように頼む
want him to ～
　　　 彼に～してもらいたい

「～することは…だ」の文
It's easy to swim.
（泳ぐことは簡単です。）

【よく使う〈It's … to ～.〉】

It's easy to ～.
　　　 ～することは簡単だ。
It's difficult to ～.
　　　 ～することは難しい。
It's good to ～.
　　　 ～することはよい。

「私にとって」を加えると
It's easy for me to swim.
（私にとって泳ぐことは簡単です。）

「～するには…すぎる」の文
This is too heavy to move.
（これは動かすには重すぎます。）

25

Step-2 >>> ｜実力をつける｜

→【目標時間】30分 ／【解答】55ページ　　　点

1 日本文に合うように，＿＿＿＿に適する語句を（　　）内から選んで入れなさい。（2点×6）

(1) 私はおじに会うために北海道へ行きました。

I went to Hokkaido to ＿＿＿＿＿＿＿ my uncle. （ see / saw / seeing ）

(2) 本を読むことはおもしろいです。

＿＿＿＿＿＿＿ interesting to read books. （ This / I'm / It's ）

(3) 話すのをやめなさい。

Stop ＿＿＿＿＿＿＿. （ talk / to talk / talking ）

(4) 母は私に部屋をそうじするように言いました。

My mother told ＿＿＿＿＿＿＿ to clean my room. （ I / my / me ）

(5) 私はあなたに会えてうれしいです。

I'm glad ＿＿＿＿＿＿＿ you. （ see / saw / to see ）

(6) 電話をくれてありがとう。

Thank you for ＿＿＿＿＿＿＿ me. （ call / to call / calling ）

2 日本文に合うように，＿＿＿＿に適する語を入れなさい。　　　（4点×5）

(1) 彼は宿題をするために早く起きました。

He got up early ＿＿＿＿＿＿ ＿＿＿＿＿＿ his homework.

(2) 彼女はテレビで野球の試合を見て楽しみました。

She ＿＿＿＿＿＿ ＿＿＿＿＿＿ the baseball game on TV.

(3) 私は何か食べるものがほしいです。

I want something ＿＿＿＿＿＿ ＿＿＿＿＿＿.

(4) この機械の使い方を教えてください。

Please tell me ＿＿＿＿＿＿ ＿＿＿＿＿＿ use this machine.
「機械」

(5) エマは彼にいっしょに行ってくれるように頼みました。

Emma ＿＿＿＿＿＿ him ＿＿＿＿＿＿ go with her.

3 各組の英文がほぼ同じ意味になるように，_____ に適する語を入れなさい。(5点×4)

(1) Mark plays tennis well.

Mark is good at _____ tennis.

(2) Playing soccer is fun.

_____ fun _____ play soccer.

(3) I'm so sleepy that I can't study math.

I'm _____ sleepy _____ study math.

(4) Shall I help you?

Do you _____ me _____ help you?

4 日本文に合うように，次の語句を並べかえなさい。 (5点×4)

(1) 私は何か冷たい飲み物がほしいです。　I (cold / want / something / to) drink.

I _____ drink.

(2) 彼はその知らせを聞いてうれしかったです。

He (happy / the news / hear / to / was).

He _____.

(3) この箱は重すぎて運べません。　This box (carry / to / too / is / heavy).

This box _____.

(4) 彼は何と言えばいいかわかりませんでした。

He (to / didn't / say / know / what).

He _____.

5 次の日本文を英語にしなさい。 (7点×4)

(1) 私は将来，教師になりたいです。　　　　　　　　将来：in the future

_____

(2) 私は彼女に教師になってもらいたいです。

_____

(3) 私はその本を読み終えました。

_____

(4) 朝食を食べることは大切です。　　　　　　　　大切な：important

_____

後置修飾／関係代名詞

Step-1 >>> |基本を確かめる|

→【解答】56ページ

★ ___ に適する語を入れましょう。

1 「～している〈人・物〉」

(1) トムと話している女の子をごらんなさい。

Look at the girl _____ with Tom.
「トムと話している」が後ろから「女の子」を修飾している

(2) トムと歩いている女の子は亜矢です。

The girl _____ with Tom is Aya.
「トムと歩いている」

(3) トムのとなりにすわっている女の子を知っていますか。

Do you know the girl _____ next to Tom?
「トムのとなりにすわっている」

(4) あそこで本を読んでいる女の子はだれですか。

Who is the girl _____ a book over there?
「あそこで本を読んでいる」

2 「～されている〈人・物〉」

(1) これは日本で作られたカメラです。

This is a camera _____ in Japan.
「日本で作られた」

(2) 彼によって撮られた写真は美しいです。

The pictures _____ by him are beautiful.
「写真」が主語　「彼によって撮られた」

(3) 彼によって書かれたその物語を読んだことがありますか。

Have you ever read the story _____ by him?
「彼によって書かれた」

(4) 私はアキと呼ばれる女の子に会いました。

I met a girl _____ Aki.
「アキと呼ばれる」

「～している〈人・物〉」

the boy playing tennis

（テニスをしている男の子）
現在分詞（動詞のing形）を使って名詞を後ろから修飾することができる。

⚠️ミス注意

a sleeping cat

（眠っているねこ）
現在分詞が1語だけで名詞を修飾するときは，名詞の前におく。

「～されている〈人・物〉」

a picture taken in Hawaii

（ハワイで撮られた写真）
過去分詞（受け身で使う動詞の形）を使って名詞を後ろから修飾できる。

⚠️ミス注意

a used car

（中古車）
過去分詞が1語だけで名詞を修飾するときは，名詞の前におく。

3 「私が～した〈人・物〉」

(1) これは彼女が先週，買った本です。

This is the book ＿＿＿＿＿＿＿＿＿ last week.
「彼女が先週買った」

(2) 私が昨日読んだ本はおもしろかったです。

The book ＿＿＿＿＿＿＿ yesterday was
「私が昨日読んだ」
interesting.

(3) これは彼が私にくれた腕時計です。

This is the watch ＿＿＿＿＿＿＿ me.
「彼が私にくれた」

(4) 私がそこで会った生徒たちはとても親切でした。

The students I ＿＿＿ there ＿＿＿ very kind.
主語　　　　　　　　　　be動詞の過去形

4 関係代名詞

(1) 私はギターをじょうずに弾く男の子を知っています。

I know a boy ＿＿＿＿ plays the guitar well.

(2) クジラは水の中にすんでいる動物です。

Whales are animals ＿＿＿＿＿＿＿ in water.
「クジラ」

(3) あの子が私たちの学校に来た女の子ですか。

Is that the girl ＿＿＿＿ came to our school?

(4) 東京駅へ行くバスはちょうど出たところです。

The bus ＿＿＿＿＿＿ to Tokyo Station has
「東京駅へ行く」
just left.

(5) あなたは毎朝ここに来る男の子と犬を知っていますか。

Do you know the boy and his dog ＿＿＿ come
修飾する名詞が〈人＋動物〉
here every morning?

「私が～した〈人・物〉」
a picture I took in Hawaii
（私がハワイで撮った写真）

関係代名詞 who
the boy who speaks French
（フランス語を話す男の子）
修飾する名詞（先行詞）が「人」
で，あとに動詞が続くとき，関
係代名詞はwhoを使う。

関係代名詞 which
the bus which goes to Kyoto
（京都へ行くバス）
修飾する名詞（先行詞）が「物
や動物」のとき，関係代名詞
はwhichを使う。

≫くわしく 関係代名詞that
who, whichのかわりにthat
を使うことができる。
the boy that speaks French
the bus that goes to Kyoto

ミス注意
関係代名詞が修飾する名詞（先
行詞）が〈人＋物や動物〉の場
合，関係代名詞はthatを使う。

関係代名詞のthatは，
どんなときでも使えるよ。

Step-2 >>> |実力をつける|

→【目標時間】30分 ／【解答】56ページ　　　　点

I 日本文に合うように，＿＿＿＿に適する語を（　）内から選んで入れなさい。(2点×6)

(1) リサはむこうで音楽を聞いている女の子です。

Lisa is the girl ＿＿＿＿＿＿＿＿ to music over there.

(listen / listened / listening)

(2) 私はアンと呼ばれる女の子に会いました。

I met a girl ＿＿＿＿＿＿＿＿ Ann.　(call / called / calling)

(3) 彼女にはねこが大好きなおばさんがいます。

She has an aunt ＿＿＿＿＿＿＿＿ loves cats.　(who / which / whose)

(4) 彼はおもちゃを作っている会社で働いています。

He works for a company ＿＿＿＿＿＿＿＿ makes toys.

(who / which / whose)

(5) これは母が私にくれたカメラです。

This is the camera ＿＿＿＿＿＿＿＿ my mother gave me.

(who / which / whose)

(6) 彼女は私たちが昨日，話をした女の子です。

She is the girl ＿＿＿＿＿＿＿＿ we talked with yesterday.

(what / which / that)

2 日本文に合うように，＿＿＿＿に適する語を入れなさい。　　　　(4点×5)

(1) これはサラによって私に送られた手紙です。

This is the letter ＿＿＿＿＿＿＿＿ to me by Sarah.

(2) これはサラが私に送ってくれた手紙です。

This is the letter ＿＿＿＿＿＿＿＿ Sarah sent to me.

(3) むこうで走っている女の子はだれですか。

Who is the girl ＿＿＿＿＿＿＿＿ over there?

(4) 亮のとなりにすわっている男の子はマイクです。

The boy ＿＿＿＿＿＿＿＿ next to Ryo is Mike.
　　　　　　　　　「となりに」

(5) 私には料理が得意な友達がいます。

I have a friend ＿＿＿＿＿＿＿＿ is good at cooking.

3 （   ）内の情報を加えるとき，_____ に適する語を 1 語入れなさい。 （4点×3）

(1) This is a picture. （沖縄で咲によって撮られた）

This is a picture _____ by Saki in Okinawa.

(2) Linda is a girl. （青い目と長い髪の）

Linda is a girl _____ has blue eyes and long hair.

(3) I have an uncle. （ニューヨークに住んでいる）

I have an uncle _____ in New York.

4 日本文に合うように，次の語句を並べかえなさい。 （6点×4）

(1) 私は英語で書かれた手紙をもらいました。

I got (English / written / a letter / in).

I got _____.

(2) これは700年以上前に建てられた寺です。

This is (built / which / a temple / was) over 700 years ago.

This is _____ over 700 years ago.

(3) これは彼女を有名にした映画です。

This is (which / famous / her / the movie / made).

This is _____.

(4) あなたには水泳がうまい友達がいますか。

Do you have (swims / a friend / well / who)?

Do you have _____ ?

5 次の日本文を英語にしなさい。 （8点×4）

(1) 私の姉は日本製の車を買いました。

_____

(2) ピアノを弾いている女の子はアン(Ann)です。

_____

(3) これは父が私にくれた腕時計です。 腕時計：watch

_____

(4) 彼があなたに会いにここに来た男の人です。 男の人：man

_____

1 次の英文の（　）内から最も適するものを選び，記号を○でかこみなさい。 （2点×5）

(1) 私の兄はテニスをするのが好きです。

My brother likes （ ア play　イ plays　ウ played　エ playing ） tennis.

(2) 父と私は明日，東京へ行く予定です。

My father and I （ ア am　イ are　ウ is　エ will ） going to go to Tokyo tomorrow.

(3) 彼はおばさんを迎えるために空港へ行きました。

He went to the airport （ ア meet　イ met　ウ meeting　エ to meet ） his aunt.

(4) 私は英語で書かれたクリスマスカードをもらいました。

I got a Christmas card （ ア write　イ wrote　ウ written　エ writing ） in English.

(5) これは私の妹が大好きな歌です。

This is the song （ ア which　イ who　ウ what　エ whose ） my sister loves.

2 次の英文の＿＿に，（　）内の語を適する形にして入れなさい。 （2点×5）

(1) このえんぴつはだれのですか。— 私のです。

Whose pencil is this? — It's ＿＿＿＿＿＿＿＿. （ I ）

(2) この問題は最後の問題より簡単です。

This question is ＿＿＿＿＿＿＿＿ than the last one. （ easy ）

(3) この絵は世界中で知られています。

This picture is ＿＿＿＿＿＿＿＿ all over the world. （ know ）

(4) むこうで走っている女の子がケイトです。

The girl ＿＿＿＿＿＿＿＿ over there is Kate. （ run ）

(5) 私の母は先週からずっと忙しいです。

My mother has ＿＿＿＿＿＿＿＿ busy since last week. （ be ）

3 次の英文を（　　）内の指示にしたがって書きかえるとき，＿＿＿に適する語を入れなさい。

（2点×5）

(1)　I am going to go shopping tomorrow.　　　　　　　　　　（否定文に）
　　＿＿＿＿＿＿＿＿　＿＿＿＿＿＿＿ going to go shopping tomorrow.

(2)　He gets up <u>at six</u> every morning.　　　　（下線部をたずねる疑問文に）
　　＿＿＿＿＿＿＿ time ＿＿＿＿＿＿＿ he get up every morning?

(3)　Drink this water.　　　　　　　　　　　　　　　　（否定の命令文に）
　　＿＿＿＿＿＿＿＿＿　＿＿＿＿＿＿＿ this water.

(4)　It's sunny today.　　　　　　　（todayをtomorrowにかえて未来の文に）
　　It ＿＿＿＿＿＿＿＿　＿＿＿＿＿＿＿ sunny tomorrow.

(5)　He is a good tennis player.　　　　　（「この学校で」を加えて最上級の文に）
　　He is the ＿＿＿＿＿＿＿ tennis player ＿＿＿＿＿＿＿ this school.

4 次の会話が成り立つように，［　　］に適する文を選び，記号を○でかこみなさい。

（2点×5）

(1)　A : Are you free on Saturday?
　　B : ［　　　　　］　Why?
　　ア Yes, I am.　イ No, I don't.　ウ Yes, you do.　エ No, you aren't.

(2)　A : Does your father cook?
　　B : ［　　　　　］　He is good at making curry.
　　ア Yes, he is.　イ Yes, he does.　ウ No, he isn't.　エ No, he doesn't.

(3)　A : Did you enjoy swimming yesterday?
　　B : ［　　　　　］　It was too cold to swim yesterday.
　　ア Yes, I do.　イ Yes, I am.　ウ No, I wasn't.　エ No, I didn't.

(4)　A : I don't have a pen.　［　　　　　］
　　B : Sure.　Go ahead.
　　ア Will you use mine?　　　イ Can you use yours?
　　ウ Can I use yours?　　　エ Shall I use mine?

(5)　A : What are you doing?
　　B : ［　　　　　］
　　ア I'm reading a book.　　　イ I like watching TV.
　　ウ Yes, I am.　　　エ No, I'm not.

5 次の日本文に合うように，＿＿に適する語を入れなさい。　　　　　　　　（2点×7）

(1) 私はこの前の日曜日に，美術館へ行きました。

I ＿＿＿＿＿＿ to the art museum ＿＿＿＿＿＿ Sunday.

(2) あなたたちは明日，図書館で勉強をするつもりですか。

＿＿＿＿＿＿ you ＿＿＿＿＿＿ to study at the library tomorrow?

(3) 彼は今日，両親を手伝わなければなりません。

He ＿＿＿＿＿＿ ＿＿＿＿＿＿ help his parents today.

(4) 私は今日の午後，することが何もありません。

I have nothing ＿＿＿＿＿＿ ＿＿＿＿＿＿ this afternoon.

(5) 彼は何と言えばいいかわかりませんでした。

He didn't know ＿＿＿＿＿＿ ＿＿＿＿＿＿ say.

(6) 彼女はジェーンと同じくらい速く泳ぎます。

She swims ＿＿＿＿＿＿ fast ＿＿＿＿＿＿ Jane.

(7) この家はいつ建てられましたか。

When ＿＿＿＿＿＿ this house ＿＿＿＿＿＿?

6 次の会話が成り立つように，＿＿に適する語を入れなさい。　　　　　　　　（3点×5）

(1) A : Where does Ms. Brown live?

B : ＿＿＿＿＿＿ ＿＿＿＿＿＿ in this town.

(2) A : What did you give to your brother for his birthday, Jane?

B : I ＿＿＿＿＿＿ ＿＿＿＿＿＿ a book about Japanese culture.

(3) A : How many libraries are there in your town?

B : ＿＿＿＿＿＿ ＿＿＿＿＿＿ only one.

(4) A : ＿＿＿＿＿＿ ＿＿＿＿＿＿ have lunch at that restaurant?

B : Yes, let's.

(5) A : Ken hasn't come yet.

Do you know when ＿＿＿＿＿＿ ＿＿＿＿＿＿ come?

B : No, I don't.　But I think he'll come soon.

7 次の日本文に合うように，(　　)内の語を並べかえなさい。ただし，文の最初の文字も
小文字で示してあります。 (3点×5)

(1) 私が彼と初めて会ったのは，私が10歳のときでした。
I was ten (I / when / him / for / met) the first time.
I was ten _____ the first time.

(2) 彼は日本で最も有名な作家の1人です。
He is (the / one / famous / of / most) writers in Japan.
He is _____ writers in Japan.

(3) あなたは今までに東京に行ったことがありますか。
(ever / to / have / you / been) Tokyo?
_____ Tokyo?

(4) 先生は私たちにここで待つように言いました。
The teacher (us / wait / told / to / here).
The teacher _____.

(5) 私が箱を運ぶのを手伝ってくださいますか。
(you / me / help / carry / could) the boxes?
_____ the boxes?

8 次の日本文を英語にしなさい。 (4点×4)

(1) あなたはどこの出身ですか。

_____

(2) あなたは将来，何になりたいですか。　　　　　　　将来：in the future

_____

(3) あなたは日本に来てどれくらいになりますか。

_____

(4) これは私が先月撮った写真です。

_____

❶ 次の英文の(　　)内から最も適するものを選び，記号を○でかこみなさい。　（2点×5）

(1) 去年，健と私は同じクラスでした。

Ken and I（ ア am　イ was　ウ are　エ were ）in the same class last year.

(2) 兄は自分の部屋で勉強しています。

My brother is studying in（ ア he　イ his　ウ she　エ her ）room.

(3) あなたは疲れているようですね。どうしましたか。

You（ ア look　イ see　ウ listen　エ like ）tired.　What's wrong?

(4) もし明日，晴れなら，私たちはハイキングに行きます。

If it（ ア is　イ was　ウ be　エ will be ）sunny tomorrow, we'll go hiking.

(5) 先生は私たちに静かにするように言いました。

Our teacher told us（ ア be　イ to be　ウ being　エ to was ）quiet.

❷ 次の日本文に合うように，＿＿＿に適する語を入れなさい。　（2点×5）

(1) 彼女は3日前に新しいかばんを買いました。

She ＿＿＿＿＿＿＿ a new bag three days ＿＿＿＿＿＿＿.

(2) あなたのクラスでは何のスポーツがいちばん人気ですか。

＿＿＿＿＿＿＿ sport is the ＿＿＿＿＿＿＿ popular in your class?

(3) 彼女はなぜそんなに早く起きたのですか。— 朝食をつくるためです。

＿＿＿＿＿＿＿ did she get up so early?

— ＿＿＿＿＿＿＿ make breakfast.

(4) 納豆が好きでない日本人はたくさんいますか。

Are there many Japanese people ＿＿＿＿＿＿＿ ＿＿＿＿＿＿＿ like natto?

(5) あなたは何時かわかりますか。

Do you know what time ＿＿＿＿＿＿＿ ＿＿＿＿＿＿＿?

3 次の会話が成り立つように，[　　]に適する文を選び，記号を入れなさい。　（4点×5）

(1)　A : Are you busy today?

B : Yes, I am.　[　　　　　]

ア I have a lot of things to do today.

イ I have a lot of free time today.

ウ I don't have anything to do today.

エ I don't have to do anything today.

(2)　A : It's hot in this room.　[　　　　　]

B : Sure.　Go ahead.

ア Can you close the window?　　イ Could you tell me how to do it?

ウ May I tell you where to go?　　エ Can I open the window?

(3)　A : Is Bob older than your brother?

B : No.　[　　　　]　Bob is twelve years old, and my brother is sixteen.

ア He is as old as my brother.　　イ He's not as old as my brother.

ウ My brother is much younger.　　エ My brother is younger than Bob.

(4)　A : Do you know that boy over there?

B : [　　　　　]

A : Yes.

B : He's my brother.

ア Do you know who is talking with Ann?

イ Who is talking with Ann?

ウ Do you mean the boy talking with Ann?

エ Do you like talking with Ann?

(5)　A : Do I have to come here tomorrow?

B : [　　　　　]　You can stay home tomorrow.

ア Yes, you have to come.　　イ Yes, you can.

ウ No, you don't have to.　　エ No, you aren't.

4 次の英文を読んで，あとの問いに答えなさい。

(1) Which hand do you hold a pen with, your right hand or left hand? The hand you use to hold your pen is called your dominant hand. Most people belong to one of two groups. One is right-handed people, and the （ A ） is left-handed people. Some researchers say that 10% of people around the world are left-handed. Researchers who studied cats found that they also have dominant "hands." Many male cats are left-handed, but most female cats are right-handed. How can you find your cat's dominant hand? You can find your cat's dominant hand if you watch which "hand" it （ B ） first when it does something.

　　(注) dominant hand　利き手　　belong to 〜　〜に属する
　　　　right-handed　右利きの　　left-handed　左利きの
　　　　researcher　研究者　　male　オス　　female　メス

　本文中の （ A ），（ B ） に入れるのに，最も適切な語をそれぞれア〜エの中から 1 つずつ選び，記号を○でかこみなさい。　　　　　　　　　〈千葉県〉（5点×2）

　　(A)　ア another　　イ other　　ウ people　　エ two
　　(B)　ア checks　　イ has　　ウ studies　　エ uses

(2) I like playing online games. I usually play games during my free time. While I am enjoying playing games, I don't have to think about anything else. But I sometimes feel tired after playing games. Today, I read the news about some young people who play online games too much. ⬚⬚⬚⬚⬚⬚ For example, they cannot get up in the morning. They don't have meals. They don't go to work or school. I think playing games is fun, but we have many other things to do. Now I play online games for more than three hours every day. Time is so limited. So I think I should change my everyday life.

　　(注) online games インターネットを利用したゲーム

　この英文の ⬚⬚⬚ に入る最も適切なものを，ア〜エの中から 1 つ選び，記号を○でかこみなさい。　　　　　　　　　〈高知県〉（10点）

　　ア I get sick and cannot eat anything because I play games for more than three hours every day.

　　イ They have some problems in their everyday life because they cannot stop playing games.

ウ They told me to stop playing games when I got up very late this morning.

エ When they get sick, they should play online games and eat lots of food.

⑤ 次の日本文に合うように，（　）内の語句を並べかえなさい。ただし，文の最初の文字も小文字で示してあります。　　　　　　　　　　　　　　　　　　　　　　　（4点×5）

(1)　これはこの山で見られる花です。

This (a flower / in / seen / is) this mountain.

This _____ this mountain.

(2)　何を食べたいですか。

What (would / you / have / to / like)?

What _____?

(3)　彼は正午からずっとテニスをしています。

He (been / noon / has / tennis / playing / since).

He _____.

(4)　彼女は何に喜んだのですか。

(made / what / happy / her)?

_____

(5)　私がいっしょに行きましょうか。

Do you (me / go / with / want / to) you?

Do you _____ you?

⑥ 次の日本文を英語にしなさい。　　　　　　　　　　　　　　　　　　　（5点×4）

(1)　このバスは駅に行きますか。

_____

(2)　あなたは昨日，何をしましたか。

_____

(3)　私は一度も京都へ行ったことがありません。

_____

(4)　この映画はあの映画よりおもしろいです。　　　　　　　　　　映画：movie

_____

語形変化 ポイントチェック

☑ 名詞の複数形

① **ふつうの語は s をつける**

a book → two books   a girl → two girls
[本]   [少女]

② **es をつける語**

a bus → two buses   a class → two classes
[バス]   [授業]

③ **y を i にかえて es をつける語**

a city → two cities   a country → two countries
[都市]   [国]

④ **不規則に変化する語**

a child → two children   a man → two men
[子ども]   [男の人]

主語が he, she, Emily などのときだね。

☑ 動詞の3人称単数・現在形

① **ふつうの語は s をつける**

I come → he comes   I walk → he walks
[来る]   [歩く]

② **es をつける語**

I go → he goes   I watch → he watches
[行く]   [見る]

③ **y を i にかえて es をつける語**

I study → he studies   I try → he tries
[勉強する]   [ためす]

☑ 動詞のing形

① **ふつうの語は ing をつける**

go → going   talk → talking
[行く]   [話す]

② **e をとって ing をつける語**

come → coming   make → making
[来る]   [作る]

③ **語尾の1字を重ねて ing をつける語**

run → running   swim → swimming
[走る]   [泳ぐ]

☑ 動詞の過去形

① **ふつうの語は ed をつける**

look → looked   help → helped
[見る]   [手伝う]

② **d だけをつける語**

use → used   live → lived
[使う]   [住んでいる]

③ **y を i にかえて ed をつける語**

study → studied   try → tried
[勉強する]   [ためす]

④ **語尾の1字を重ねて ed をつける語**

stop → stopped   plan → planned
[止まる]   [計画する]

☑ 形容詞・副詞の比較級・最上級

① **ふつうの語は er, est をつける**

tall → taller   tallest
[背が高い]

old → older   oldest
[古い]

② **r, st だけをつける語**

large → larger   largest
[大きい]

nice → nicer   nicest
[すてきな]

③ **y を i にかえて er, est をつける語**

easy → easier   easiest
[簡単な]

early → earlier   earliest
[早く]

④ **語尾の1字を重ねて er, est をつける語**

big → bigger   biggest
[大きい]

hot → hotter   hottest
[暑い]

⑤ **つづりの長い語は前に more, most をつける**

interesting → more interesting   most interesting
[おもしろい]

popular → more popular   most popular
[人気のある]

不規則動詞の語形変化表

原形	意味	過去形	過去分詞	ing 形
be	〜です	was, were	been	being
become	〜になる	became	become	becoming
begin	始まる	began	begun	beginning
break	こわす	broke	broken	breaking
bring	持ってくる	brought	brought	bringing
build	建てる	built	built	building
buy	買う	bought	bought	buying
catch	つかまえる	caught	caught	catching
choose	選ぶ	chose	chosen	choosing
come	来る	came	come	coming
cut	切る	cut	cut	cutting
do	する	did	done	doing
draw	（絵を）描く	drew	drawn	drawing
drink	飲む	drank	drunk	drinking
drive	運転する	drove	driven	driving
eat	食べる	ate	eaten	eating
fall	落ちる	fell	fallen	falling
feel	感じる	felt	felt	feeling
find	見つける	found	found	finding
fly	飛ぶ	flew	flown	flying
forget	忘れる	forgot	forgotten	forgetting
get	手に入れる	got	gotten	getting
give	与える	gave	given	giving
go	行く	went	gone	going
have	持っている	had	had	having
hear	聞こえる	heard	heard	hearing
hit	打つ	hit	hit	hitting
hold	持つ，開催する	held	held	holding
keep	保つ	kept	kept	keeping
know	知っている	knew	known	knowing
leave	去る	left	left	leaving

原形	意味	過去形	過去分詞	ing形
lend	貸す	lent	lent	lending
lose	失う	lost	lost	losing
make	作る	made	made	making
mean	意味する	meant	meant	meaning
meet	会う	met	met	meeting
put	置く	put	put	putting
read	読む	read*	read*	reading
ride	乗る	rode	ridden	riding
run	走る	ran	run	running
say	言う	said	said	saying
see	見る	saw	seen	seeing
sell	売る	sold	sold	selling
send	送る	sent	sent	sending
show	見せる	showed	shown	showing
sing	歌う	sang	sung	singing
sit	すわる	sat	sat	sitting
sleep	眠る	slept	slept	sleeping
speak	話す	spoke	spoken	speaking
spend	過ごす	spent	spent	spending
stand	立つ	stood	stood	standing
swim	泳ぐ	swam	swum	swimming
take	取る	took	taken	taking
teach	教える	taught	taught	teaching
tell	伝える，言う	told	told	telling
think	思う，考える	thought	thought	thinking
understand	理解する	understood	understood	understanding
wear	身につける	wore	worn	wearing
win	勝つ	won	won	winning
write	書く	wrote	written	writing

＊つづりは同じでも
read の過去形と過去分詞
の発音は [red レッド]。

基本単語まとめてチェック

☑ 数の言い方

☐ 1	one
☐ 2	two
☐ 3	three
☐ 4	four
☐ 5	five
☐ 6	six
☐ 7	seven
☐ 8	eight
☐ 9	nine
☐ 10	ten
☐ 11	eleven
☐ 12	twelve
☐ 13	thirteen
☐ 14	fourteen
☐ 15	fifteen
☐ 16	sixteen
☐ 17	seventeen
☐ 18	eighteen
☐ 19	nineteen
☐ 20	twenty
☐ 21	twenty-one ハイフンが必要！
☐ 30	thirty
☐ 40	forty つづり注意！
☐ 50	fifty
☐ 60	sixty
☐ 70	seventy
☐ 80	eighty
☐ 90	ninety
☐ 100	one hundred

☑ 「〜番目」を表す語

☐ 1st	first ミス注意！
☐ 2nd	second ミス注意！
☐ 3rd	third ミス注意！
☐ 4th	fourth
☐ 5th	fifth ミス注意！
☐ 6th	sixth
☐ 7th	seventh
☐ 8th	eighth
☐ 9th	ninth つづり注意！
☐ 10th	tenth
☐ 11th	eleventh
☐ 12th	twelfth つづり注意！
☐ 13th	thirteenth
☐ 14th	fourteenth
☐ 15th	fifteenth
☐ 16th	sixteenth
☐ 17th	seventeenth
☐ 18th	eighteenth
☐ 19th	nineteenth
☐ 20th	twentieth つづり注意！
☐ 21st	twenty-first ミス注意！
☐ 30th	thirtieth
☐ 40th	fortieth つづり注意！
☐ 50th	fiftieth
☐ 60th	sixtieth
☐ 70th	seventieth
☐ 80th	eightieth
☐ 90th	ninetieth
☐ 100th	one hundredth

☑ 曜日

☐日曜日	**Sunday**
☐月曜日	**Monday**
☐火曜日	**Tuesday**
☐水曜日	**Wednesday** つづり注意！
☐木曜日	**Thursday**
☐金曜日	**Friday**
☐土曜日	**Saturday**

☑ 季節

☐春	**spring**
☐夏	**summer**
☐秋	**fall / autumn**
☐冬	**winter**

☑ 天気や寒暖の言い方

☐晴れた	**sunny**
☐くもりの	**cloudy**
☐雨の	**rainy**
☐雪の	**snowy**
☐風の強い	**windy**
☐暑い	**hot**
☐寒い	**cold**
☐暖かい	**warm**
☐すずしい	**cool**

☑ 月

☐1月	**January**
☐2月	**February** つづり注意！
☐3月	**March**
☐4月	**April**
☐5月	**May**
☐6月	**June**
☐7月	**July**
☐8月	**August**
☐9月	**September** つづり注意！
☐10月	**October**
☐11月	**November** つづり注意！
☐12月	**December** つづり注意！

My birthday is October 6th.

高校入試 品詞別頻出単語ランキング※1

名詞 ベスト30

順位	単語	意味
1	people	人々
2	one	1
3	school	学校
4	time	時間
5	day	日
6	year	年
7	thing	こと，もの
8	English	英語
9	student	生徒
10	friend	友達
11	Japan	日本
12	lot	たくさん
13	book	本
14	two	2
15	home	家，家庭
16	picture	写真，絵
17	country	国
18	father	父
19	mother	母
20	word	単語
21	food	食べ物
22	child	子ども
23	house	家
24	way	道，方法
25	three	3
26	family	家族
27	morning	朝，午前
28	world	世界
29	class	クラス，授業
30	week	週

動詞 ベスト30

順位	単語	意味
1	have	持っている
2	do	する
3	go	行く
4	say	言う
5	like	〜が好きだ
6	see	見る
7	want	ほしい
8	think	思う
9	make	作る
10	know	知っている
11	come	来る
12	get	手に入れる
13	take	取る
14	look	見る，〜に見える
15	play	(スポーツを)する，(楽器を)演奏する
16	use	使う
17	tell	伝える
18	talk	話す
19	thank	感謝する
20	read	読む
21	study	勉強する
22	help	手伝う
23	work	働く
24	find	見つける
25	eat	食べる
26	give	与える
27	learn	習い覚える
28	enjoy	楽しむ
29	live	住んでいる
30	leave	去る，出発する

形容詞 ベスト30

順位	単語	意味
1	many	多数の
2	good	よい
3	some	いくつかの
4	more	もっと多くの
5	all	すべての
6	other	ほかの
7	Japanese	日本の
8	new	新しい
9	much	多量の
10	happy	幸せな
11	right	正しい，右の
12	first	最初の
13	old	古い
14	next	次の
15	last	この前の，最後の
16	every	どの〜もみな
17	long	長い
18	kind	親切な
19	important	重要な
20	OK, O.K.	よろしい
21	great	すばらしい
22	big	大きい
23	any	いくらかの
24	interesting	おもしろい
25	nice	すてきな
26	small	小さい
27	beautiful	美しい
28	better	よりよい
29	best	最もよい
30	different	違った

高校入試頻出熟語ランキング ※2

順位	熟語	意味
1	want to 〜	〜したい
2	a lot of 〜	たくさんの〜
3	be going to 〜	〜するつもりだ
4	have to 〜	〜しなければならない
5	look at 〜	〜を見る
6	I think (that) 〜.	私は〜だと思う。
7	like to play / like playing	演奏することが好きだ
8	come to 〜	〜に来る
9	enjoy swimming	泳ぐのを楽しむ
10	How about 〜?	〜はどうですか。
11	talk about 〜	〜について話す
12	one of 〜	〜のうちの1つ
13	every day	毎日
14	be interested in 〜	〜に興味がある
15	I see.	わかった。なるほど。
16	live in 〜	〜に住む
17	start to learn / start learning	学習し始める
18	try to 〜	〜しようとする
19	think about 〜	〜のことを考える
20	how to 〜	〜のしかた
21	talk with 〜 / talk to 〜	〜と話をする
22	It is important to 〜.	〜することは大切だ。
23	listen to 〜	〜を聞く
24	Can I 〜?	〜してもいいですか。
25	I hope (that) 〜.	〜だといいと思う。
26	for example	たとえば
27	a lot	たくさん，とても
28	learn about 〜	〜について学ぶ
29	in the morning	朝に，午前中に
30	one day	ある日
31	of course	もちろん
32	at home	家で
33	May I 〜?	〜してもいいですか。
34	What time 〜?	何時に〜か。
35	stay at 〜 / stay in 〜	〜に滞在する
36	begin to study / begin studying	勉強し始める
37	get up	起きる
38	have a good time	楽しい時を過ごす
39	be happy to 〜	〜してうれしい
40	look for 〜	〜を探す
41	How long 〜?	どのくらい(長く)〜か。
42	after school	放課後
43	a little	少しの，少し
44	Can you 〜?	〜してくれますか。
45	How many 〜?	いくつの〜か。
46	more than 〜	〜より多く，〜よりもっと
47	in the future	将来は
48	at school	学校で
49	I'd like to 〜.	〜したいのですが。
50	some of 〜	〜のいくつか
51	I hear (that) 〜.	〜だそうだ。
52	a member of 〜	〜の一員
53	want you to 〜	あなたに〜してもらいたい
54	Thank you for 〜.	〜をありがとう。
55	decide to 〜	〜しようと決心する
56	Will you 〜?	〜してくれますか。
57	come back to 〜	〜へ帰ってくる
58	go shopping	買い物に行く
59	All right.	いいですよ。
60	last year	昨年

入試問題を分析中。

※1)このページの単語は、全国の高校入試で出題された英単語を分析した『高校入試ランク順 中学英単語1850』から抜粋しています。

※2)このページの熟語は、全国の高校入試で出題された英熟語を分析した『高校入試ランク順 中学英熟語430』から抜粋しています。

編集協力	小縣宏行
	甲野藤文宏, 敦賀亜希子, 宮崎史子, 脇田聡, 渡辺泰葉,
	佐藤美穂, 渡邉聖子, 上保匡代
英文校閲	Joseph Tabolt
イラスト	生駒さちこ, 坂本奈緒
カバー・本文デザイン	星光信 (Xing Design)
DTP	㈱明昌堂　データ管理コード：20-1772-3755 (CC20)

解答と解説

高校入試 中学3年分をたった7日で総復習 \改訂版/ 英語

Gakken

▶ 点線にそって切り取って使えます。

1日目 be動詞の文/ There is 〜. の文/ 代名詞

Step-1 >>> | 基本を確かめる | 4ページ

解答

1 be動詞（am, is, are）の使い分け
(1) **am** (2) **is** (3) **are**

2 be動詞の過去の文
(1) **was** (2) **was** (3) **were**

3 be動詞の否定文
(1) **not** (2) **weren't**

4 be動詞の疑問文
(1) **Are** (2) **Was, was**

5 There is 〜. の文
(1) **is** (2) **were**

6 There is 〜. の否定文・疑問文
(1) **aren't** (2) **Are**

7 代名詞
(1) **She** (2) **her** (3) **him**
(4) **his** (5) **your, mine**

Step-2 >>> | 実力をつける | 6ページ

解答

1 (1) **are** (2) **is** (3) **was** (4) **are**
(5) **were** (6) **is** (7) **was**

2 (1) **me** (2) **yours, mine** (3) **his**
(4) **them** (5) **theirs**

3 (1) **not** (2) **isn't** (3) **Is, is**
(4) **Were, weren't** (5) **There, not**

4 (1) **Her mother is not[isn't] a teacher.**
(2) **Was Chris busy last week?**
(3) **Is there a bus stop near here?**

5 (例)(1) **He is tall.**
(2) **I was busy yesterday.**
(3) **She is our teacher.**
(4) **Were they kind[nice] to you?**

解説 ....

1 (1) 主語がWe（1人称・複数）なので，現在のbe動詞はareを使う。

(2) 主語のMy sisterが3人称単数なので，現在のbe動詞はisを使う。

(3) 主語のThis bookが3人称単数なので，過去のbe動詞はwasを使う。

(4) 主語のAnn and Iは複数なので，areを使う。直前のIにつられてamにしないこと。

(5) 主語のMy parentsが複数なので，過去のbe動詞はwereを使う。

(6) a ballが単数で，現在の文なので，There isにする。

(7) a pictureが単数で，過去の文なので，There was にする。

2 (1)「私を」はme。

(2)「あなたのもの」はyours。「私のもの」はmine。

(3)「彼の」はhis。

(4) withなどの前置詞のあとには目的格（「〜を」の意味になる形）が入る。

(5)「彼らのもの」はtheirs。つづりに注意。

3 (1) I'mのあとにnotを入れる。I am not を短縮するときは，I'm notとする。×I amn't のような短縮はしないので注意しよう。

(2) 空所が1つなので，短縮形のisn'tを使う。

(3) be動詞の疑問文はbe動詞で文を始め，be動詞を使って答える。主語のyour brotherが3人称単数なので，現在のbe動詞はis。

(4) were notの短縮形はweren't。

(5) There are 〜.の否定文にする。not any 〜 で「1つも〜ない」という意味。

4 (1) 否定文はisのあとにnotを入れる。

(2) 疑問文はwasを主語の前に出す。

(3) There is 〜.の疑問文はisをthereの前に出す。

5 (1)「彼は〜です」はHe is 〜.の文。

(2)「私は〜でした」はI was 〜.で表す。「昨日」はyesterday。

(3)「彼女は」はshe，「私たちの」はour。

(4) 主語が複数の過去のbe動詞の疑問文はWereで文を始める。「彼らは」はthey，「あなたたちに」はto you。toなどの前置詞のあとの代名詞は目的格にする。

2日目 一般動詞の文（現在・過去・未来）/命令文

Step-1 >>> 基本を確かめる   8ページ

解答

1 一般動詞の現在の文
   (1) **play**   (2) **plays**

2 一般動詞の過去の文
   (1) **played**   (2) **played**

3 一般動詞の否定文
   (1) **don't**   (2) **doesn't**   (3) **didn't**

4 一般動詞の疑問文
   (1) **Do**   (2) **Does**   (3) **Did, did**

5 一般動詞の未来の文
   (1) **going**   (2) **play**   (3) **will**

6 be going to ～の否定文・疑問文
   (1) **not**   (2) **Is**

7 命令文
   (1) **Wash**   (2) **Don't**   (3) **be**
   (4) **Let's**

Step-2 >>> 実力をつける   10ページ

解答

1 (1) **like**   (2) **helps**   (3) **visited**
   (4) **came**   (5) **going**   (6) **is**   (7) **will**

2 (1) **don't**   (2) **doesn't**   (3) **didn't**
   (4) **Do, do**   (5) **Does, doesn't**
   (6) **not going**   (7) **are, going**

3 (1) **My father studies English.**
   (2) **He used the computer last night.**
   (3) **She didn't[did not] see the movie last week.**
   (4) **They are going to get up at six.**
   (5) **Let's play baseball here.**

4 (1) **She doesn't eat breakfast.**
   (2) **Did you go to Nara (last week?)**
   (3) **Don't open the box.**
   (4) **(Where) are you going to stay(?)**

5 (例) (1) **She has a[one] sister.**
   (2) **Did you clean your room yesterday?**

---

(3) **Do your homework.**
(4) **What did you do last Sunday?**

解説 ....

1 (1) 主語がIで現在の文なので，like。
   (2) 主語がSheで現在の文なので，動詞は3単現（3人称単数・現在形）にする。
   (3) 過去の文なので，過去形のvisited。
   (4) 過去の文なので，過去形のcame。
   (5) 「～するつもりです」はbe going to ～。
   (6) 主語がMikeなので，is going toで表す。
   (7) 未来の推量は willを使って表す。

2 (1) 一般動詞の否定文は動詞の前にdon't。
   (2) 主語が3人称単数のときはdoesn't。
   (3) 過去の文では，didn'tを入れる。
   (4) 疑問文はDoで始め，doを使って答える。
   (5) 主語が3人称単数で現在の疑問文は，Doesで文を始め，doesを使って答える。
   (6) I'mのあとなので，I'm not going to ～. とする。
   (7) Whenのあとに，be going to の疑問文の形を続ける。

3 (1) 動詞を3単現のstudiesにする。
   (2) last night(昨夜)がつくと過去の文になる。
   (3) 一般動詞の過去の否定文は，動詞の前にdidn'tを入れる。あとの動詞を原形にする。
   (4) beは主語のTheyに合わせてareを使う。They're going to ～.としてもよい。
   (5) 「～しましょう」はLet's ～.とする。

4 (1) doesn'tのあとに動詞を続ける。
   (2) 疑問文はDidで文を始める。
   (3) 「～してはいけません」はDon't で始める。
   (4) Whereのあとに，are you going to ～という疑問文の形を続ける。

5 (1) haveの3単現はhas。
   (2) 〈Did you＋動詞の原形～?〉で表す。「昨日」はyesterday。
   (3) 「～しなさい」は動詞で文を始める。「あなたの宿題をする」はdo your homework。
   (4) Whatのあとにdid you doを続ける。「この前の日曜日」はlast Sunday。

51

3日目　助動詞/いろいろな動詞

Step-1 >>> | 基本を確かめる | ▶12ページ

解答

① 助動詞の文
(1) can　(2) will　(3) may[can]
(4) must　(5) should

② 助動詞の否定文・疑問文
(1) can't[cannot]　(2) Can, can
(3) won't　(4) mustn't

③ have to ～ と don't have to ～ の文
(1) to　(2) has　(3) don't

④ Can I ～? の文
(1) Can[May]　(2) Can[May]

⑤ Can[Could] you ～? の文
(1) Can[Could]　(2) Can[Could]

⑥ いろいろな動詞（look, give, call）
(1) looks　(2) became　(3) gave
(4) send her　(5) call　(6) made us
(7) helped, cook[make]

Step-2 >>> | 実力をつける | ▶14ページ

解答

1 (1) can　(2) should　(3) doesn't
(4) Can　(5) Could　(6) looks
(7) sent

2 (1) has　(2) Can[May]
(3) become　(4) call　(5) Will, won't

3 (1) Can Kate write *kanji*?
(2) I'll be fifteen next (week.)
(3) You mustn't open the door.
(4) (You) don't have to get up early
(tomorrow.)
(5) This movie made me sad.
(6) Can you show me the picture?

4 （例）(1) He can swim fast.
(2) Can[May] I use your dictionary?
(3) You must[have to] speak English
here.

(4) Can[Could] you help me clean
the room?
(5) The news made me happy.
(6) I gave her some flowers.／
I gave some flowers to her.

解説 ·································

1 (1)「～できる」はcan。
(2)「～すべき」はshould。
(3)「～する必要がない」はdon't have to ～。
主語がHeなので，doesn't have to ～。
(4)「～してくれますか」はCan you ～?。
(5)「～していただけますか」はCould you ～?。
(6)「～に見える」は〈look＋形容詞〉。
(7)「（人）に（物）を送る」は〈send＋人＋物〉。

2 (1) 主語がSheなので，has to ～にする。
(2)「～してもいいですか」はCan I ～?。May
I ～? とすることもできる。
(3)「～になる」はbecome。
(4)「AをBと呼ぶ」はcall A Bで表す。
(5) willの疑問文はWillで文を始める。答えの
文のwill notは短縮形のwon'tにする。

3 (1)「～できますか」はCanで文を始める。
(2) I'll はI will の短縮形。あとの動詞は原形。
(3)「～してはいけない」はmustn't ～。
(4)「～しなくてもよい」はdon't have to ～。
(5)「AをBにする」はmake A B。
(6)「（人）に（物）を見せる」は〈show＋人＋物〉。

4 (2)「～してもいいですか」はCan I ～?か
May I ～?で表す。「あなたの辞書を使う」
はuse your dictionary。
(3)「～しなければならない」はhave to ～か
must。「英語を話す」はspeak English。
(4)「～してくれますか」はCan you ～?か
Could you ～?で表す。「私が部屋をそうじ
するのを手伝う」はhelp me clean the room
とする。
(5)「AをBにする」はmake A Bで表す。
(6)「（人）に（物）をあげる」は〈give＋人＋物〉
か〈give＋物＋to＋人〉で表す。

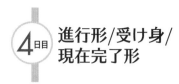

4日目 進行形/受け身/現在完了形

Step-1 >>> **基本を確かめる** ▶16ページ

解答

① 進行形の文
　(1) play　(2) playing
　(3) was playing

② 進行形の否定文・疑問文
　(1) not　(2) wasn't singing　(3) Is

③ 受け身の文
　(1) is cleaned　(2) was cleaned
　(3) by him

④ 受け身の否定文・疑問文
　(1) not　(2) Are　(3) were

⑤ 現在完了形の文
　(1) have lived　(2) been playing
　(3) has seen[watched]
　(4) have, had[eaten]

⑥ 現在完了形の否定文・疑問文
　(1) haven't seen
　(2) never read
　(3) Have, done[finished]

Step-2 >>> **実力をつける** ▶18ページ

解答

1 (1) によって作られました
　(2) を作っていました
　(3) を何度も訪れたことがあります
　(4) ３時間ずっと歌っています
　(5) をちょうど読んだところです

2 (1) writing　(2) written
　(3) written　(4) written

3 (1) wanted, since　(2) running
　(3) was, taken　(4) have, visited

4 (1) He was standing by the window.
　(2) He is called Joe by the students.
　(3) She has been busy since
　　 yesterday.
　(4) They have already had lunch.

5 (1) (She) hasn't arrived here yet(.)
　(2) Have you ever been to (Nara?)
　(3) How long has he been (here?)
　(4) (When) was this temple built(?)

6 (例) (1) She is studying English.
　(2) This song will be loved by a lot of
　　 [many] people.
　(3) I haven't finished[done] my
　　 homework yet.
　(4) I have[I've] lived in this town for
　　 ten years.

解説 ···

1 (1) was madeは過去の受け身の形。
　(2) was makingは過去進行形の形。
　(3) have visitedは現在完了形「経験」。
　(4) have been ～ingで「ずっと～し続けて
　いる」の意味を表す。

2 (1)「書いています」は現在進行形の文。
　(2)「書かれました」は過去の受け身で表す。
　(3) 現在完了形「完了」の否定文。
　(4) 現在完了形「経験」の疑問文。

3 (1) I'veはI haveの短縮形。「～になりたい」
　はwant to be ～。
　(2) 現在進行形の文。runningに注意。
　(3) 過去の受け身の疑問文。
　(4) 現在完了形の疑問文。

4 (1) stoodをwas standingにする。
　(2) is calledのあとにJoeがくる。
　(3)(4) 現在完了形は〈have[has]＋過去分詞〉。

5 (1) 〈hasn't＋過去分詞〉の語順。
　(2) Have you ever been to ～?で表す。
　(3) How longに現在完了形の疑問文を続ける。
　(4) Whenのあとにwas this temple builtと
　いう過去の受け身の疑問文を続ける。

6 (1) 現在進行形の文。
　(2) 未来の受け身の文は〈will be＋過去分詞＋
　by ～〉で表す。
　(3)「まだ～ない」はnot ～ yet。
　(4) 現在完了形「継続」の文で表す。

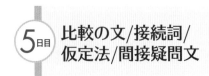

5日目 比較の文/接続詞/仮定法/間接疑問文

Step-1 >>> | 基本を確かめる | ▶20ページ

解答

① 比較級の文
  (1) taller (2) faster
  (3) more, than (4) better
② 最上級の文
  (1) tallest (2) fastest (3) most
③ 疑問詞で始まる比較の文
  (1) taller, or (2) best
④ as ～ as … の文
  (1) tall (2) not, tall
⑤ 接続詞／仮定法
  (1) but (2) when (3) If
  (4) were[was], would
⑥ 間接疑問文
  (1) this is (2) he is (3) she lives

Step-2 >>> | 実力をつける | ▶22ページ

解答

1 (1) newer (2) busiest (3) best
  (4) more
2 (1) as old (2) youngest of
  (3) longer, or (4) most popular
  (5) she is[comes]
  (6) Why, Because (7) If, is
3 (1) I can swim faster than Ken.
  (2) Mt. Fuji is the highest mountain in Japan.
  (3) This question is the most difficult of all.
  (4) I don't know what she wants.
4 (1) (I like) winter better than summer(.)
  (2) (This book isn't) as useful as that one(.)
  (3) (Please tell me) when he came to Japan(.)
  (4) I'll call you when (I get to the station.)
5 (例) (1) He is taller than Mike.
  (2) Which do you like better, coffee or tea?
  (3) I don't know who that boy is.
  (4) If I were[was] you, I would help her.

解説 ....

1 (1) 「より新しい」は比較級の文。
  (2) 「いちばん忙しい」は最上級の文。
  (3) 「いちばんじょうずな」は最上級の文。
  (4) interestingの比較級は前にmore。
2 (1) 「…と同じ年齢」はas old as … で表す。
  (2) youngの最上級はyoungest。「私たち全員の中で」はof us allという。
  (3) 「AとBでは」はA or Bでたずねる。
  (4) popularの最上級は前にmostをつける。
  (5) 疑問詞のあとは〈主語＋動詞〉の語順になる。
  (6) 「なぜ」はwhy。「なぜなら～だから」はbecause ～で表す。
  (7) 「もし～なら」はif ～。if ～の中では，未来のことも現在形で表すので，If it is rainyとなる。If it ×will be rainyとはしない。
3 (1) fastを比較級のfasterにする。「～よりも」はthan ～。
  (2) highを最上級のhighestにし，前にtheをつける。「日本で」はin Japan。
  (3) difficultを最上級のmost difficultにする。
  (4) whatのあとはshe wantsという〈主語＋動詞〉の語順にする。
4 (1) 「BよりAが好き」はlike A better than B。
  (2) 「…ほど～でない」はnot as ～ as …。
  (3) whenのあとは〈主語＋動詞 ～〉の語順。
  (4) when ～の部分が，文の後半に来ている。
5 (1) 「…より背が高い」はtaller than …。
  (2) 「AとBでは，どちらのほうが好きか」はWhich do you like better, A or B?。
  (3) Who is that boy?をwho that boy is の語順にする。
  (4) 「もし私があなたなら」は仮定法の文。

6日目 不定詞/動名詞

Step-1 >>> 基本を確かめる ▶24ページ

解答

① 不定詞の３用法
- (1) **to see[meet]**　(2) **to see[meet]**
- (3) **to drink**
- (4) **to play**

② 動名詞
- (1) **enjoyed running**
- (2) **likes running**
- (3) **stopped running**
- (4) **at running**

③ how to 〜などの文
- (1) **how to**　(2) **where to**

④ 「(人) に〜するように言う」などの文
- (1) **told, to**　(2) **ask him to**
- (3) **want, to**

⑤ 「〜することは…だ」の文
- (1) **It's, to**　(2) **for you**

⑥ 「〜するには…すぎる」の文
- (1) **to swim**　(2) **too, to**

Step-2 >>> 実力をつける ▶26ページ

解答

1 (1) **see**　(2) **It's**　(3) **talking**
　(4) **me**　(5) **to see**　(6) **calling**

2 (1) **to do**　(2) **enjoyed watching**
　(3) **to eat**　(4) **how to**
　(5) **asked, to**

3 (1) **playing**　(2) **It's, to**　(3) **too, to**
　(4) **want, to**

4 (1) (**I**) **want something cold to**
　(**drink**.)
　(2) (**He**) **was happy to hear the news**(.)
　(3) (**This box**) **is too heavy to carry**(.)
　(4) (**He**) **didn't know what to say**(.)

5 (例) (1) **I want to be[become] a**
　teacher in the future.
　(2) **I want her to be[become] a teacher.**

(3) **I finished reading the book.**

(4) **It's important to eat[have]**
breakfast.／Eating[Having]
breakfast is important.

解説 ‥‥‥‥‥‥‥‥‥‥‥‥‥‥‥

1 (1)「〜するために」は不定詞〈to + 動詞の原形〉で表す。toのあとの動詞はいつも原形にする。

(2)「〜することは…だ」はIt's … to 〜. の文。

(3)「〜するのをやめる」はstop 〜ing。

(4) tell 人 to 〜の「人」に代名詞がくるときは目的格にする。

(5)「〜してうれしい」はbe glad to 〜。

(6)「〜してくれてありがとう」はThank you for 〜ing.で表す。

2 (1)「〜するために」はto 〜。

(2)「〜して楽しむ」はenjoy 〜ing。

(3)「何か食べるもの」はsomething to eat。

(4)「使い方」はhow to use。

(5)「彼に〜するように頼む」はask him to 〜。

3 (1)「マークはじょうずにテニスをする」を「マークはテニスをするのが得意だ」にする。

(2)「サッカーをすることは楽しい」。動名詞が主語の文をIt's … to 〜.の文にする。

(3)「私はとても眠くて数学の勉強ができません」。so … that − can't 〜の文をtoo … to 〜の文にする。

(4)「手伝いましょうか」をwant 人 to 〜を使って,「私に手伝ってほしいか」に変える。

4 (1)「何か冷たい飲み物」はsomething coldのあとにto drinkを続ける。

(2)「〜してうれしい」はbe happy to 〜。

(3)「…すぎて〜できない」はtoo … to 〜。

(4)「何と言えばいいか」はwhat to say。

5 (1)「〜したい」はwant to 〜。

(2)「彼女に〜になってもらいたい」はwant her to be[become] 〜。(1)との違いに注意。

(3)「〜し終える」はfinish 〜ing。I've[I have] finished 〜.としてもよい。

(4) It's … to 〜.の文か動名詞が主語の文にする。

7日目 後置修飾/関係代名詞

Step-1 >>> | 基本を確かめる | 28ページ

解答

1 「～している〈人・物〉」
   - (1) talking[speaking]　(2) walking
   - (3) sitting　(4) reading
2 「～されている〈人・物〉」
   - (1) made　(2) taken　(3) written
   - (4) called
3 「私が～した〈人・物〉」
   - (1) she bought[got]　(2) I read
   - (3) he gave　(4) met[saw], were
4 関係代名詞
   - (1) who[that]　(2) which[that] live
   - (3) who[that]
   - (4) which[that] goes　(5) that

Step-2 >>> | 実力をつける | 30ページ

解答

1 (1) listening　(2) called　(3) who
   (4) which　(5) which　(6) that
2 (1) sent　(2) which[that]
   (3) running　(4) sitting
   (5) who[that]
3 (1) taken　(2) who[that]　(3) living
4 (1) (I got) a letter written in English(.)
   (2) (This is) a temple which was built (over 700 years ago.)
   (3) (This is) the movie which made her famous(.)
   (4) (Do you have) a friend who swims well(?)
5 （例）(1) My sister bought[got] a car (which was[is]) made in Japan.
   (2) The girl (who is) playing the piano is Ann.
   (3) This is the[a] watch (which [that]) my father gave (to) me.

(4) He is the man who[that] came here to see[meet] you.

解説 ....

1 (1)「～している女の子」なので，girl のあとに〈現在分詞＋語句〉を続ける。
   (2)「～される女の子」なので，girlのあとに〈過去分詞＋語句〉を続ける。
   (3) 先行詞が「人」なのでwhoを入れる。
   (4) (5) 先行詞が「物」なのでwhichを入れる。
   (6) 先行詞は「人」。あとに〈主語＋動詞 ～〉が続くときは，thatを入れる。
2 (1) sent to meがthe letterを修飾する形。
   (2) the letterは「物」なので，関係代名詞はwhichかthatを入れる。
   (3)「むこうで走っている女の子」はrunning over thereが前のthe girlを修飾する形に。
   (4) sitting next to RyoがThe boyを修飾する。
   (5)「人」を説明する関係代名詞はwhoかthat。
3 (1)「咲によって撮られた」はtaken by Saki。
   (2) a girl（人）を修飾しているので，関係代名詞はwhoかthatが入る。
   (3)「～に住んでいる」を現在分詞のlivingを使ってliving in ～で表す。
4 (1) written in Englishが後ろからa letterを説明する形。
   (2) a templeを後ろから関係代名詞の文（which was built ～）が説明する。
   (3) the movieを後ろから関係代名詞の文（which made her famous）が説明する。
   (4) a friend を関係代名詞 who の文（who swims well）が後ろから説明する形にする。
5 (1)「日本製の車」はa car made in Japan（日本で作られた車）と表す。
   (2) who isは省略できる。
   (3) my father gave meが後ろからthe[a] watchを修飾している。
   (4) the manを関係代名詞の文（who came here ～）が説明している形にする。

模擬試験 第1回 ▶32ページ

❶ ⑴ エ ⑵ イ ⑶ エ ⑷ ウ ⑸ ア

❷ ⑴ mine ⑵ easier ⑶ known
⑷ running ⑸ been

❸ ⑴ I'm not ⑵ What, does
⑶ Don't drink ⑷ will be
⑸ best, in

❹ ⑴ ア ⑵ イ ⑶ エ ⑷ ウ ⑸ ア

❺ ⑴ went, last ⑵ Are, going
⑶ has to ⑷ to do ⑸ what to
⑹ as, as ⑺ was, built

❻ ⑴ She lives ⑵ gave him
⑶ There is ⑷ Shall we
⑸ he will

❼ ⑴ (I was ten) when I met him
for (the first time.)
⑵ (He is) one of the most famous
(writers in Japan.)
⑶ Have you ever been to (Tokyo?)
⑷ (The teacher) told us to wait
here(.)
⑸ Could you help me carry (the
boxes?)

❽ (例) ⑴ Where are you from?
⑵ What do you want to be
[become] in the future?
⑶ How long have you been in
Japan?
⑷ This is a[the] picture[photo]
(which[that]) I took last month.

[解説]

❶ ⑴「～するのが好き」はlike ～ingかlike
to ～で表す。
⑵ 主語のMy father and I（私の父と私）
は複数なので，be動詞はareを使う。すぐ前
のIにつられてamにしないこと。
⑶「～するために」は〈to＋動詞の原形〉で
表す。
⑷「英語で書かれたクリスマスカード」は過

去分詞を使って，written in English（英
語で書かれた）が前のa Christmas card
を修飾する形にする。
⑸ the song（歌）を説明する関係代名詞は
which。あとに〈主語＋動詞〉（my sister
loves）が続くので，このwhichは省略できる。

❷ ⑴「私のもの」はmine。
⑵ easy（簡単な）の比較級は，yをiにかえ
てerをつける。
⑶「知られている」は受け身の文。〈be動詞
＋過去分詞〉で表す。knowの過去分詞は
known。
⑷「むこうで走っている女の子」は〈現在分詞
＋語句〉が前のThe girlを説明する形に。
runの現在分詞runningのつづりに注意。
⑸「先週からずっと忙しい」は，現在完了形
の継続の文。〈have[has]＋過去分詞〉の形
にする。beの過去分詞はbeen。

❸ ⑴ amのあとにnotを入れる。×amn'tと
いう短縮形がないので，I'm notとする。「私
は明日，買い物に行く予定はありません」。
⑵「彼は6時に起きます」の「6時に」を「何
時に」とたずねる。「何時」はWhat time。
⑶ 否定の命令文は〈Don't＋動詞の原形 ～.〉。
「この水を飲んではいけません」。
⑷ willのあとの動詞は原形。be動詞の原形
はbe。「明日は晴れるでしょう」。
⑸ goodの最上級はbest。「この学校で」は
in this school。「彼はこの学校でいちばん
じょうずなテニス選手です」。

❹ ⑴ Are you ～?にはbe動詞を使って，Yes,
Noで答える。「あなたは土曜日はひまです
か」「はい。なぜ？」。
⑵ Does ～?にはdoesを使って，Yes, Noで
答える。答えの2文目からYesの答えを選
ぶ。「あなたのお父さんは料理をしますか」
「はい。彼はカレーを作るのが得意です」。
⑶ Did ～?にはdidを使って，Yes, Noで答
える。答えの2文目からNoの答えを選ぶ。

「昨日，水泳を楽しみましたか」「いいえ。昨日は泳ぐには寒すぎました」。

(4) 「〜してもいいですか」はCan I 〜?という。「ペンがありません。あなたのを使ってもいいですか」「いいですよ。さあ，どうぞ」。選択肢のアは「私のを使ってくれますか」，イは「あなたのを使ってくれますか」，エは「私のを使いましょうか」。

(5) Whatで始まる現在進行形の疑問文。現在進行形を使って，していることを具体的に答える。「あなたは何をしていますか」「私は本を読んでいます」。選択肢のイは「私はテレビを見るのが好きです」，ウは「はい」，エは「いいえ」。

❺ (1) go（行く）の過去形はwent。「この前の日曜日に」はlast Sundayという。

(2) 「あなた（たち）は〜するつもりですか」はAre you going to 〜?で表す。

(3) 「〜しなければならない」はhave to かmustを使って表す。ここは２語で，主語が３人称単数なので，have to を has to にする。

(4) 「することが何もない」はnothingを使って，「するべきことを何も持っていない」と考えて，have nothing to doと表す。

(5) 「何と言えばいいか」は〈疑問詞＋to 〜〉を使って，what to sayという。

(6) 「Aと同じくらい〜」はas 〜 as Aで表す。

(7) Whenのあとは，過去の受け身の疑問文を続ける。build（建てる）の過去分詞はbuilt。be動詞は過去形のwasを使う。

❻ (1) Ms. Brownは１人の女性なので，答えの文ではsheにする。現在の文なので，動詞を３単現の形のlivesにする。「ブラウンさんはどこに住んでいますか」「彼女はこの町に住んでいます」。

(2) 答えの文ではyour brotherをhimに，giveは過去形のgaveにする。「あなたはあなたのお兄[弟]さんに誕生日に何をあげましたか，ジェーン」「私は彼に日本文化についての本をあげました」。

(3) 答えがonly one（１つだけ）という単数なので，There is 〜.を使う。「あなたの町に図書館はいくつありますか」「１つだけです」。

(4) Yes, let's.（はい，そうしましょう。）の答えから，「〜しましょうか」と誘うShall we 〜? の文にする。「あのレストランで昼食を食べましょうか」「はい，そうしましょう」。

(5) whenのあとは〈主語＋動詞〉の語順にする。ここは未来の文なので，willを入れる。「健はまだ来ていません。あなたは彼がいつ来るか知っていますか」「いいえ，知りません。でも，もうすぐ来ると思います」。

❼ (1) when 〜が文の後半にきている。「初めて」はfor the first time。

(2) 「最も〜な…の１人」は〈one of the＋最上級＋名詞の複数形〉の形。

(3) 「あなたは今までに〜へ行ったことがあるか」は，Have you ever been to 〜?という。

(4) 「（人）に〜するように言う」は，〈tell 人 to 〜〉を使う。「ここで待つ」はwait here。

(5) 「私が〜を運ぶのを手伝う」はhelp me carry 〜。ここはていねいに頼むCould you 〜?で文を始める。

❽ (1) 「出身」はfromを使う。

(2) 「〜になりたい」はwant to be[become] 〜。

(3) 「日本にどれくらい（長く）いるか」と考えて，How longで始まる現在完了形の疑問文にする。「どれくらい住んでいるか」「どれくらい滞在しているか」と考えて，How long have you lived[stayed] in Japan?としてもよい。

(4) 「これは写真です」の「写真」（a[the] picture）を「私が先月撮った」（I took last month）という文が後ろから修飾する文にする。関係代名詞のあとに〈主語＋動詞〉が続くので，このwhich やthatは省略することができる。

模擬試験 第2回 ▶36ページ

❶ (1) エ (2) イ (3) ア (4) ア (5) イ
❷ (1) bought, ago (2) What, most
　(3) Why, To (4) who[that] don't
　(5) it is
❸ (1) ア (2) エ (3) イ (4) ウ (5) ウ
❹ (1) (A)イ (B)エ (2) イ
❺ (1) (This) is a flower seen in (this
　mountain.)
　(2) (What) would you like to have(?)
　(3) (He) has been playing tennis
　since noon(.)
　(4) What made her happy?
　(5) (Do you) want me to go with
　(you?)
❻ (例) (1) Does this bus go to the
　station?
　(2) What did you do yesterday?
　(3) I've[I have] never been to
　Kyoto.
　(4) This movie is more interesting
　than that one.

[解説]

❶ (1) 主語のKen and I（健と私）が複数で，
last year（去年）から過去の文とわかるの
で，be動詞はwereを使う。
(2)「自分の部屋」はmy brother（私の兄）
の部屋のこと。「彼の」を表すhisを選ぶ。
(3)「〜に見える」は〈look＋形容詞〉で表す。
(4) if 〜の文の中では，未来のことも現在形で
表すというルールがある。あとにtomorrow
があるが，現在形のisを選ぶ。
(5)「（人）に〜するように言う」は，〈tell＋
人＋to 〜〉を使う。toのあとには動詞の原
形がくる。be動詞の場合はto beになる。

❷ (1) buy（買う）の過去形はbought。get
の過去形のgotを使ってもよい。「3日前に」
はthree days agoという。

(2)「何の〜」は whatのあとに名詞を続け
る。popularの最上級は前にmostを入れる。
(3)「なぜ」はWhyでたずねる。Why 〜?の
疑問文に「〜するためです」と目的を答える
ときは，不定詞を使って，To 〜.と答えるこ
とができる。
(4)「納豆が好きでない」を関係代名詞を使っ
て表す。
(5) 間接疑問文。what timeのあとは〈主語
＋動詞〉の語順にする。

❸ (1)「忙しいか」に「はい」と答えたので，
それに続く内容を選ぶ。ア「私は今日するこ
とがたくさんあります」，イ「私は今日ひま
な時間がたくさんあります」，ウ「私は今日
することが何もありません」。not 〜 anything
は「何も〜ない」で，nothingと同じ意味
になる。エ「私は今日何もする必要がありま
せん」。don't have to 〜は「〜する必要は
ない」。
(2) 前の「この部屋は暑い」という文と，Bの
応答の「いいですよ。さあ，どうぞ」から考
える。ア「窓を閉めてくれますか」，イ「そ
れのしかたを教えてくださいますか」，ウ
「どこへ行けばいいか言ってもいいですか」，
エ「窓を開けてもいいですか」。
(3)「ボブはあなたのお兄さんより年上ですか」
という質問に対して，空所のあとの「ボブが
12歳で，私の兄が16歳」という内容に合う
応答を選ぶ。ア「彼は私の兄と同じ年です」，
イ「彼は私の兄ほど年をとっていません」，
ウ「私の兄はずっと若いです」，エ「私の兄
はボブより若いです」。
(4)「むこうにいるあの男の子を知っています
か」という質問の応答に対して，Aはさらに
「はい」と答えている。相手の質問の内容を
確認しているウが適切。ア「だれがアンと話
しているか知っていますか」，イ「だれがア
ンと話しているのですか」，ウ「アンと話し
ている男の子のことですか」，エ「あなたは
アンと話すのが好きですか」。
(5)「私は明日ここに来なければなりませんか」

に対して，空所のあとで「あなたは明日家にいてもいいです」と続いていることから，「明日はここに来る必要はない」という内容の文を選ぶ。ア「はい，来なければなりません」，イ「はい，あなたは来ることができます」，ウ「いいえ，あなたはその必要はありません」，エ「いいえ，あなたはちがいます」。

❹ (1) (A) 2つのグループがあり，<u>One is right-handed people</u>に対して，「もう1つのもの」は<u>the other</u> is ～とする。(B)〈全文訳〉参照。

(2)〈全文訳〉参照。正解以外の選択肢は，ア 私は毎日3時間以上ゲームをするので，気分が悪くなり何も食べることができない。ウ 今朝私がとても遅く起きたとき，彼らは私にゲームをするのをやめるように言った。エ 彼らが病気になったときは，オンラインゲームをして，たくさんの食べ物を食べるべきだ。

〈全文訳〉

(1) あなたはペンをどちらの手で持ちますか，右手ですか，それとも左手ですか。あなたがペンを持つのに使う手は利き手と呼ばれています。たいていの人は2つのグループの1つに属します。1つは右利きの人たちで，もう1つは左利きの人たちです。世界中の10%の人が左利きという研究者たちがいます。ネコを研究している研究者たちはネコにも利き手があることを見つけました。多くのオスのネコは左利きですが，メスネコのほとんどが右利きです。あなたのネコの利き手をどのように見つけられますか。あなたのネコが何かをするときどちらの「手」を最初に使うかを見れば，あなたのネコの利き手を見つけることができます。

(2) 私はオンラインゲームをするのが好きです。ひまなときはたいていゲームをします。ゲームを楽しんでいる間は，ほかのことは何も考える必要がありません。しかしゲームをしたあと，ときどき疲れを感じます。今日，オンラインゲームをしすぎる若者についての

ニュースを読みました。イ ゲームをすることをやめられないので，彼らは日常生活に問題があります。たとえば，彼らは朝起きられません。食事を食べません。仕事にも学校にも行きません。ゲームをすることは楽しいですが，私たちにはほかにすることがたくさんあると私は思います。今，私はオンラインゲームを毎日3時間以上しています。時間はとても限られています。だから，私は私の日常生活を変えるべきだと思っています。

❺ (1)「これは花です」の「花」(a flower)を後ろから「この山で見られる」(seen in this mountain)が修飾する文にする。

(2) would like toはwant toのていねいな言い方。would you like to ～で「～したいですか」という意味。

(3)「ずっと～している」は現在完了形の文だが，playは動作を表す語なので，現在完了進行形のhave been ～ingの形にする。

(4) 並べかえる語の中にmadeがあるので，問題文を「何が彼女をうれしくしたか」と考えて，made her happy の文にする。

(5) 並べかえる語の中にwantがあるので，問題文を「あなたは私にいっしょに行ってほしいですか」と考えて，〈want＋人＋to ～〉「(人)に～してほしい」の文で表す。

❻ (1)「このバス」が主語の文。「駅に行く」はgo to the station。

(2)「何をしたか」はWhatで文を始めて，一般動詞の過去の疑問文（did you do）を続ける。「する」は動詞のdoを使う。

(3)「～へ行ったことがある」はhave[has] been to ～。「一度もない」のneverはhaveと過去分詞の間に入れる。

(4) interestingの比較級はmore interesting。あとにthan ～（～よりも）を続ける。「おもしろい」は「わくわくする」と考えて，This movie is more exciting than that one.としてもよい。

データ管理コード：24-2031-1297 (CC2020) ⑤

高校入試 中学3年分をたった7日で総復習 英語 改訂版 ©Gakken